# Conoce todo sobre Hibernate: persistencia de objetos en JEE

### Venciendo las diferencias entre el modelo relacional y el orientado a objetos

# Conoce todo sobre Hibernate: persistencia de objetos en JEE

### Venciendo las diferencias entre el modelo relacional y el orientado a objetos

*Eugenia Pérez Martínez*

La ley prohíbe fotocopiar este libro

Conoce todo sobre hibernate: persistencia de objetos en JEE
© Eugenia Pérez Martínez
© De la edición: Ra-Ma 2015
© De la edición: ABG Colecciones 2020

MARCAS COMERCIALES. Las designaciones utilizadas por las empresas para distinguir sus productos (hardware, software, sistemas operativos, etc.) suelen ser marcas registradas. RA-MA ha intentado a lo largo de este libro distinguir las marcas comerciales de los términos descriptivos, siguiendo el estilo que utiliza el fabricante, sin intención de infringir la marca y solo en beneficio del propietario de la misma. Los datos de los ejemplos y pantallas son ficticios a no ser que se especifique lo contrario.

RA-MA es marca comercial registrada.

Se ha puesto el máximo empeño en ofrecer al lector una información completa y precisa. Sin embargo, RA-MA Editorial no asume ninguna responsabilidad derivada de su uso ni tampoco de cualquier violación de patentes ni otros derechos de terceras partes que pudieran ocurrir. Esta publicación tiene por objeto proporcionar unos conocimientos precisos y acreditados sobre el tema tratado. Su venta no supone para el editor ninguna forma de asistencia legal, administrativa o de ningún otro tipo. En caso de precisarse asesoría legal u otra forma de ayuda experta, deben buscarse los servicios de un profesional competente.

Reservados todos los derechos de publicación en cualquier idioma.

Según lo dispuesto en el Código Penal vigente, ninguna parte de este libro puede ser reproducida, grabada en sistema de almacenamiento o transmitida en forma alguna ni por cualquier procedimiento, ya sea electrónico, mecánico, reprográfico, magnético o cualquier otro sin autorización previa y por escrito de RA-MA; su contenido está protegido por la ley vigente, que establece penas de prisión y/o multas a quienes, intencionadamente, reprodujeren o plagiaren, en todo o en parte, una obra literaria, artística o científica.

Editado por:
RA-MA Editorial
Madrid, España
Código para acceder al contenido en línea: 9788499645582

Colección American Book Group - Informática y Computación - Volumen 38.
ISBN No. 978-168-165-745-5
Biblioteca del Congreso de los Estados Unidos de América: Número de control 2019935108
www.americanbookgroup.com/publishing.php

Maquetación: Antonio García Tomé
Diseño de portada: Antonio García Tomé
Arte: Fullvector / Freepik

*A mi padre.*

# ÍNDICE

**CAPÍTULO 1. ARQUITECTURA DEL ORM** .................................................................... **11**
    1.1    ARQUITECTURA DE GESTIÓN ................................................................. 12
           1.1.1    El Patrón DAO .................................................................. 12
    1.2    CONFIGURACIÓN DEL ORM ................................................................... 14
           1.2.1    Archivos de configuración ............................................... 15
           1.2.2    El archivo hibernate.cfg.xml ........................................... 16
           1.2.3    Configuración basada en XML ....................................... 20
           1.2.4    Configuración basada en anotaciones ............................ 30
    1.3    LA SESIÓN DE HIBERNATE ................................................................... 33

**CAPÍTULO 2. JPA VS. HIBERNATE** ............................................................................... **35**
    2.1    JAVA PERSISTENCE API ......................................................................... 35
    2.2    IMPLEMENTACIONES DE JPA ................................................................. 36
    2.3    HIBERNATE COMO IMPLEMENTACIÓN DE JPA .................................. 37
           2.3.1    Una entidad simple .......................................................... 37
           2.3.2    Identidad .......................................................................... 38
           2.3.3    Configuración por defecto .............................................. 38
           2.3.4    Lectura temprana y lectura demorada ............................ 39
           2.3.5    Tipos enumerados ........................................................... 39
           2.3.6    Transient ......................................................................... 40
           2.3.7    Colecciones básicas ........................................................ 41
           2.3.8    Tipos insertables ............................................................. 41
           2.3.9    Tipos de acceso ............................................................... 43

**CAPÍTULO 3. MAPEO DE CLASES PERSISTENTES** ................................................. **45**
    3.1    ASOCIACIONES ......................................................................................... 45
    3.2    RELACIONES 1:1 ....................................................................................... 46

|     |       | 3.2.1  | Unidireccional | 46 |
|     |       | 3.2.2  | Bidireccional | 62 |
|     | 3.3   | RELACIONES 1:N | | 70 |
|     |       | 3.3.1  | Unidireccional | 70 |
|     |       | 3.3.2  | Bidireccional | 81 |
|     | 3.4   | RELACIONES N:M | | 88 |
|     |       | 3.4.1  | Unidireccional | 90 |
|     |       | 3.4.2  | Bidireccional | 101 |
|     | 3.5   | COLECCIONES | | 108 |
|     |       | 3.5.1  | Listas | 108 |
|     |       | 3.5.2  | Conjuntos | 109 |
|     |       | 3.5.3  | Mapas | 109 |
|     | 3.6   | ENTIDADES, HERENCIA Y ASOCIACIONES | | 109 |
|     |       | 3.6.1  | Tabla por jerarquía de clases | 123 |
|     |       | 3.6.2  | Una tabla para cada clase (joins) | 134 |
|     |       | 3.6.3  | Una tabla por cada clase concreta (uniones) | 143 |
|     |       | 3.6.4  | Eligiendo una estrategia de herencia | 152 |

**CAPÍTULO 4. GESTIÓN DE OBJETOS PERSISTENTES .................. 153**

|     | 4.1 | SOLICITUD DE OBJETOS CON CRITERIOS | 153 |
|     |     | 4.1.1 Creación de query básica | 154 |
|     | 4.2 | RESTRICCIONES CON CRITERIA | 154 |
|     |     | 4.2.1 Ordenación | 156 |
|     |     | 4.2.2 Paginación | 156 |
|     |     | 4.2.3 Asociaciones | 156 |
|     |     | 4.2.4 QBE: Query By Example | 158 |
|     |     | 4.2.5 Proyecciones, agregación y agrupamiento | 158 |
|     |     | 4.2.6 Ejemplo práctico | 159 |
|     | 4.3 | SOLICITUD DE OBJETOS CON LENGUAJES DE CONSULTA | 169 |
|     |     | 4.3.1 Características de HQL | 169 |
|     |     | 4.3.2 La cláusula FROM | 174 |
|     |     | 4.3.3 Asociaciones y joins | 175 |
|     |     | 4.3.4 La cláusula SELECT | 176 |
|     |     | 4.3.5 Las funciones de agregación | 176 |
|     |     | 4.3.6 La cláusula WHERE | 177 |
|     |     | 4.3.7 Expresiones | 178 |
|     |     | 4.3.8 La cláusula ORDER BY | 179 |
|     |     | 4.3.9 La cláusula GROUP BY | 180 |
|     |     | 4.3.10 Subconsultas | 180 |
|     |     | 4.3.11 Parámetros en HQL | 181 |
|     | 4.4 | USANDO SQL NATIVO | 188 |

|  |  |  |
|---|---|---|
| 4.5 | EVENTOS E INTERCEPTORES | 192 |
|  | 4.5.1 Interceptores | 192 |
|  | 4.5.2 Eventos | 208 |
| 4.6 | FILTROS | 212 |

**CAPÍTULO 5. TRANSACCIONES, CONCURRENCIA Y CACHEO ...... 217**
    5.1   ÁMBITOS DE SESIÓN Y DE TRANSACCIÓN ............................ 217
    5.2   ARQUITECTURA DE CACHÉ DEL ORM ................................... 222

**BIBLIOGRAFÍA ........................................................................................... 223**

**MATERIAL ADICIONAL ........................................................................... 225**

**ÍNDICE ALFABÉTICO ............................................................................... 227**

# 1

# ARQUITECTURA DEL ORM

Hibernate es un *framework* ORM (*Object-Relational Mapoping*), es decir, es una herramienta que permite el mapeo entre objetos de un proyecto de software y las tablas de una base de datos relacional. Pese a que J2EE ofrece de serie el JPA, Hibernate es a día de hoy el *framework* ORM y la implementación de JPA de referencia.

La inmensa mayoría de los proyectos implementados en lenguajes orientados a objetos utilizan sistemas gestores de bases de datos relacionales, ya que son los más maduros y extendidos en el mercado. *Frameworks* como Hibernate facilitan enormemente tareas repetitivas y tediosas propias de las aplicaciones, como inserción, borrado, actualización, etc., eliminan código *boilerplate* (código repetitivo que siempre se necesita para realizar tareas sencillas) y, por supuesto, abstraen los detalles del gestor de base de datos en la aplicación.

Con eso y aplicando otros patrones de diseño como el DAO (el cual veremos más adelante), conseguimos un código desacoplado, sencillo y en definitiva más fácil de mantener.

Gracias a Hibernate conseguimos además:

▼ Abstraernos del origen de datos.

▼ Mejorar la productividad al no tener que implementar código para realizar operaciones básicas de acceso a datos.

▼ Poder reemplazar fácilmente el SGBD contra el que se ejecuta la aplicación.

## 1.1 ARQUITECTURA DE GESTIÓN

### 1.1.1 El Patrón DAO

Las aplicaciones empresariales necesitan, por lo general, acceder a almacenes de datos, ya sean BBDD relacionales, jerárquicas o de cualquier otro tipo. No resulta extraño que a veces se tenga que cambiar el SGBD o incluso el tipo de BD. Por ello, con el propósito de hacer menos traumático cualquier cambio de infraestructura, se aplica este patrón para separar la lógica de negocio de los detalles relativos al origen de los datos.

Para poder gestionar esos datos (operaciones CRUD, es decir, creación, lectura, actualización, borrado, o cualquier operación adicional) se crea una clase DAO que implementa todas esas operaciones.

La aplicación utiliza el DAO como intermediario al repositorio de datos y entre los dos se intercambian información utilizando objetos que representan tablas de la BBDD.

Por ejemplo, supongamos que tenemos una BBDD llamada ERP que contiene una tabla llamada *Customer*, y queremos hacer una aplicación para gestionar esa tabla.

Aplicando el patrón utilizaríamos las siguientes clases:

- ▼ *Customer*: permite intercambiar datos entre el programa y la clase DAO y representa los datos de la tabla.

- ▼ *CustomerDAO*: clase que contiene las operaciones CRUD.

- ▼ *DataSource*: establece y mantiene la conexión con el origen de datos.

Gráficamente el patrón DAO se representa así:

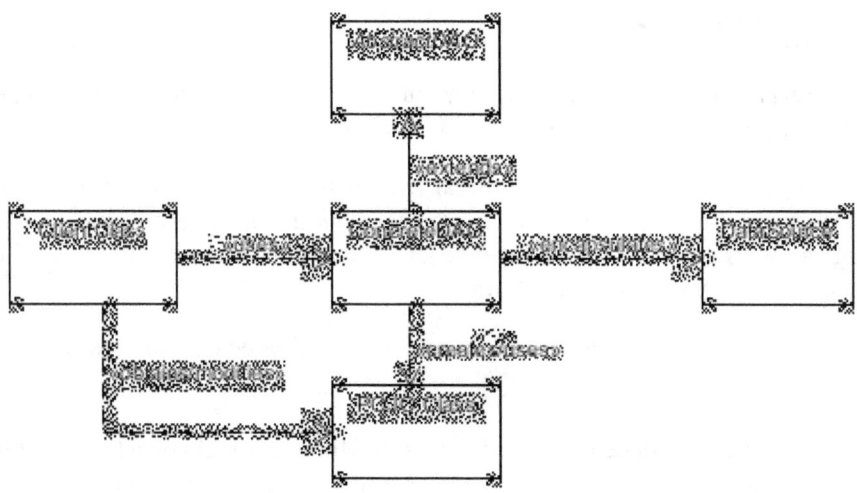

**Figura 1.1.** Representación del patrón DAO

Con Hibernate introducimos una capa entre el objeto DAO y el origen de datos que se encarga de todo el "trabajo sucio" que supone interactuar directamente con un SGBD relacional y las instrucciones SQL.

En el esquema anterior, Hibernate sustituiría a la clase *DataSource*.

Y este sería nuestro diagrama en concreto:

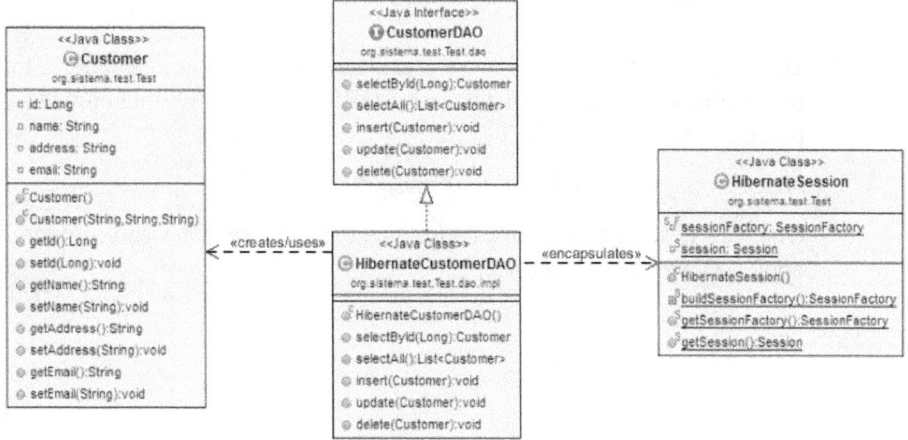

**Figura 1.2.** Diagrama de clases UML de ejemplo

## 1.2 CONFIGURACIÓN DEL ORM

En el momento de escribir este documento la última versión de Hibernate es la 4.3. Con esta versión, se requiere la JDK 6 o superior.

A pesar de que se puede descargar Hibernate de forma manual e incluirlo en nuestros proyectos (*http://hibernate.org/orm/downloads/*), se recomienda que esto se haga a través de un gestor de dependencias. El popular sistema Maven es el que se utiliza en los proyectos de este libro.

Para utilizar Hibernate en una aplicación se deben seguir los siguientes pasos:

1. Incluir las dependencias del *core* de Hibernate y el conector del SGBD que se va a utilizar, en este caso MySQL, en el fichero POM:

    ```xml
    <dependency>
       <groupId>org.hibernate</groupId>
       <artifactId>hibernate-core</artifactId>
       <version>4.3.7.Final</version>
    </dependency>
    <dependency>
       <groupId>mysql</groupId>
       <artifactId>mysql-connector-java</artifactId>
       <version>5.1.34</version>
    </dependency>
    ```

2. Dado que nuestra aplicación va a utilizar Hibernate para acceder a una base de datos, debemos instalar un SGBD. Como se ha mencionado se procede a instalar MySQL.

    *http://dev.mysql.com/downloads/mysql/*

    Una vez descargado el instalador y ejecutado, se debe seleccionar la opción **Developer Default**.

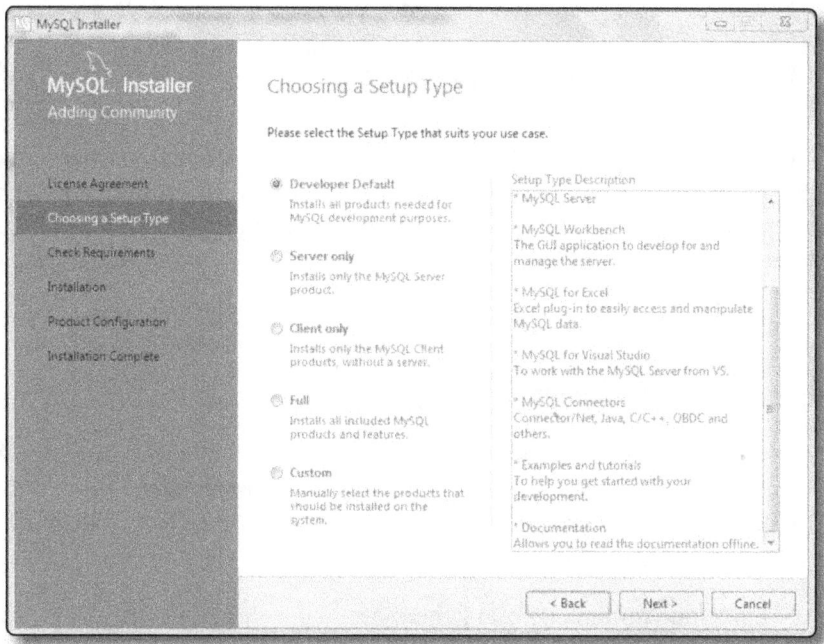

**Figura 1.3.** Wizard del proceso de instalación del Workbench de MySQL

Utiliza las opciones por defecto.

4. Ahora debemos instalar las herramientas gráficas para administrar MySQL. Se pueden obtener en el siguiente enlace:

    *http://dev.mysql.com/downloads/file.php?id=454515*

5. Si tras la instalación te aparece un error y el Workbench no es capaz de arrancar, necesitas descargar e instalar el siguiente paquete de Microsoft. Tras ello, el problema debería quedar solventado.

    *http://www.microsoft.com/es-ES/download/details.aspx?id=40784*

## 1.2.1 Archivos de configuración

Existen tres posibilidades para definir la configuración de Hibernate:

▶ A través de un archivo de propiedades nombrado como *hibernate.properties*.

▼ Utilizando un archivo XML conocido como *hibernate.cfg.xml*.

▼ Mediante el código de la propia aplicación.

Es posible especificar otros nombres para los ficheros de configuración, sin embargo, en caso de no hacerlo Hibernate busca por defecto dichos archivos mencionados en la raíz del *classpath* de la aplicación. Se explicará a continuación el archivo *hibernate.cfg.xml* que será el utilizado en los ejemplos a lo largo del desarrollo de este libro.

### 1.2.2 El archivo hibernate.cfg.xml

Dado que normalmente los IDE ayudan a crear y configurar el archivo XML de Hibernate, este suele ser el comúnmente utilizado. Este fichero permite describir todos los parámetros de configuración básicos para establecer una conexión con el SGBD (en este caso MySQL).

El contenido mínimo de este fichero es:

```
<?xml version='1.0' encoding='utf-8'?>
<!DOCTYPE hibernate-configuration PUBLIC
"-//Hibernate/Hibernate Configuration DTD 3.0//EN"
"http://hibernate.sourceforge.net/hibernate-configuration-
3.0.dtd">

<hibernate-configuration>
</hibernate-configuration>
```

Todos los elementos que se incluyen en el fichero de configuración van entre las etiquetas de *<hibernate-configuration>*. Para establecer la conexión a la BD y manejarla se utiliza *session-factory*, que es una clase que representa una factoría global de objetos *Session*. La sesión nos permitirá realizar todo tipo de operaciones contra BD (inserción, borrado, cargado de registros, etc.) manteniendo un medio transaccional. Aunque normalmente solo tenemos uno, puede darse el caso de incluir más de uno con el propósito de conectarnos a más de una BD:

```
<hibernate-configuration>
   <session-factory>
   </session-factory>
</hibernate-configuration>
```

Por lo tanto, en su interior definimos los parámetros básicos para la conexión a BD: URL, nombre de usuario, contraseña, *driver*, etc. Al igual que casi todos los elementos de este archivo de configuración se configuran mediante una etiqueta *<property>*. Según esta configuración se establece un usuario llamado *root* sin contraseña que se conecta a una base de datos *testdb*. En un entorno de producción esta configuración sería peligrosa, pero dado que se ha procedido a realizar una instalación por defecto, dejamos dichos datos para las pruebas. Así será necesario crear en MySQL una base de datos con este nombre y un usuario adecuado con permisos sobre dicha base de datos.

```
<property name="connection.driver_class">com.mysql.jdbc.Driver</property>
<property name="connection.url">jdbc:mysql://localhost:3306/testdb</property>
<property name="connection.username">root</property>
<property name="connection.password"> </property>
```

La propiedad *connection.pool_size* tiene que ver con la capacidad para manejar conexiones entre la aplicación y la base de datos. Por defecto es 1, y aunque se recomienda establecer un valor en torno a 20, dejaremos este valor puesto que dada la simplicidad del ejemplo solo nos interesa tener una conexión en el *pool*. Cuanto mayor sea el valor menos probabilidad habrá de que se queden peticiones pendientes en cola, pero cada resolución por petición será más lenta que si la establecemos a un valor inferior.

```
<property name="connection.pool_size">1</property>
```

También resulta imprescindible indicar la variante de SQL que usa la BD para ejecutar *queries*, es decir, el dialecto que usa Hibernate para comunicarse con la BD. Dicho dialecto se especifica con el nombre completo de la clase incluyendo el paquete (*fully qualified class name*).

```
<property name="dialect">org.hibernate.dialect.MySQLDialect</property>
```

Existe la posibilidad de mostrar el resultado de las operaciones SQL en consola, muy útil cuando el proyecto se encuentra en fase de desarrollo, para ello se debe establecer la siguiente propiedad a *true*:

```
<property name="hibernate.show_sql">true</property>
```

Hibernate es capaz de autogenerar las tablas, *on the fly*, en caso de que no existieran, solo con leer la configuración. Para que esa autogeneración tenga lugar será preciso incluir la propiedad *hbm2ddl.auto*, de tal forma que automáticamente la tabla se cree si no existe o bien se actualice.

```
<property name="hbm2ddl.auto">create</property>
```

Es muy importante tener claros los distintos valores que se pueden aplicar a esta propiedad *hbm2ddl.auto*. Según la documentación oficial son los siguientes (aunque no todos funcionan para todos los SGBD):

- *Validate*: valida el esquema de la BD pero sin realizar cambios en la información.

- *Update*: solo actualiza la BD una vez ha sido creado el esquema.

- *Create*: borra el esquema existente y crea uno nuevo.

- *Create-drop*: crea una nueva BD y la elimina cuando la *SessionFactory* es destruida.

*Create-drop* es la opción por defecto de la plantilla ejemplo, pero si solo se van a añadir datos sin modificar las tablas, lo ideal es ponerla a *update*. Es importante considerar el valor de este parámetro en el sistema en producción.

Otro aspecto importante del fichero es que define la forma en la que se persistirán las entidades como tablas en la base de datos. De manera que existen dos posibilidades:

- Mediante ficheros XML, se deben incluir en el siguiente *tag* todos los ficheros de mapeo que serán almacenados en el directorio *src/main/resources* del proyecto:

    ```
    <mapping resource="Customer.hbm.xml" />
    ```

- Mediante clases del modelo de dominio anotadas, en este caso se deberá especificar de la siguiente manera:

    ```
    <mapping class="org.sistema.test.TestAnnotations.model.Customer" />
    ```

La estructura completa del fichero quedaría así:

```xml
<?xml version='1.0' encoding='utf-8'?>
<!-- Hibernate configuration file, here is were we set up hibernate db collection
   and mapping between classes and database tables. -->
<!DOCTYPE hibernate-configuration PUBLIC
    "-//Hibernate/Hibernate Configuration DTD 3.0//EN"
    "http://www.hibernate.org/dtd/hibernate-configuration-3.0.dtd">
<hibernate-configuration>
   <session-factory>
      <!-- Database connection settings -->
      <property name="dialect">org.hibernate.dialect.MySQLDialect</property>
      <property name="connection.driver_class">com.mysql.jdbc.Driver</property>
      <property name="connection.url">jdbc:mysql://localhost:3306/testdb</property>
      <property name="connection.username">root</property>
      <property name="connection.password"></property>

      <property name="cache.provider_class">org.hibernate.cache.HashtableCacheProvider</property>
      <property name="transaction.factory_class">org.hibernate.transaction.JDBCTransactionFactory</property>
      <property name="current_session_context_class">thread</property>
      <property name="hibernate.show_sql">false</property>
      <property name="hbm2ddl.auto">create</property>

      <mapping resource="Customer.hbm.xml" />

   </session-factory>
</hibernate-configuration>
```

En el siguiente enlace es posible encontrar información adicional sobre estas y otras opciones de configuración, además de distintos valores para el dialecto en función del SGBD que se esté utilizando.

▼ *http://www.tutorialspoint.com/hibernate/hibernate_configuration.htm*

▼ *https://docs.jboss.org/hibernate/orm/3.3/reference/es-ES/html/session-configuration.html#configuration-optional-dialects*

### 1.2.3 Configuración basada en XML

En el apartado anterior hemos visto la configuración propia de Hibernate en una aplicación Java. A continuación seguiremos creando los elementos necesarios para utilizar Hibernate como ORM e interactuar con una base de datos. Por lo tanto, además del fichero de configuración, en caso de querer realizar el mapeo de objetos a través de XML, debemos proveer dichos ficheros y sus configuraciones. Estos se harán normalmente en ficheros con extensión *hbm.xml* independientes y se almacenarán en el directorio *src/main/resources* del proyecto. A continuación se muestra el fichero de configuración de un Cliente (*Customer.hbm.xml*):

```xml
<?xml version="1.0" encoding="UTF-8"?>
<!DOCTYPE hibernate-mapping PUBLIC
    "-//Hibernate/Hibernate Mapping DTD 3.0//EN"
    "http://hibernate.sourceforge.net/hibernate-mapping-3.0.dtd">
<!-- Mapping configuration details between Customer class and customer table -->
<hibernate-mapping package="org.sistema.test.Test.model">
   <class name="Customer" table="CUSTOMERS">
      <id name="id" column="ID">
         <generator class="identity" />
      </id>
      <property name="name" column="NAME" />
      <property name="address" column="ADDRESS" />
      <property name="email" column="EMAIL" />
   </class>
</hibernate-mapping>
```

Este fichero constituye la definición de mapeo de un POJO con la tabla correspondiente en base de datos. Cabe decir que se puede especificar el paquete y luego la clase a la cual hacemos referencia, o bien ponerlo todo junto bajo el elemento *class*.

Las propiedades indican el mapeo de los distintos atributos del objeto con las columnas de la tabla. Existen varias opciones:

- ▼ Si necesitamos un *ID* autogenerado especificaremos el atributo *class=identity*.

- ▼ Si especificamos *class=native* estaremos permitiendo que sea Hibernate quien seleccione la estrategia adecuada al SGBD, esto es, *identity* para MySQL, *sequence* para Oracle, etc.

▼ Si utilizamos *class=assigned*, Hibernate nos permitirá asignar los *ID* desde la aplicación Java.

Cabe destacar que no es necesario indicar el tipo de datos que tendrán nuestras propiedades mapeadas en BD, esto se realiza por reflexión, manteniendo tipos análogos a los de nuestras clases Java. No obstante, algunos autores recomiendan introducirlos para aliviar el proceso de carga, por lo tanto, podríamos haber especificado:

```
<property name="name" column="NAME" type="string"/>
<property name="quantity" column="QUANTITY" type="double"/>
```

Existe otro tipo de atributos como el de requerir que la propiedad no sea *null* con:

```
<property name="name" column="NAME" not-null="true"/>
```

A continuación se adjunta una tabla de correspondencia de tipos:

| Tipo en Java | Tipo en SQL |
| --- | --- |
| Tipos básicos Java | Tipos SQL básicos de cada fabricante |
| String | VARCHAR (VARCHAR2) |
| Calendar, Date, Time, Timestamp | DATE, TIME y TIMESTAMP |
| BigDecimal y BigInteger | NUMERIC (NUMBER) |
| Locale, TimeZone, Currency | VARCHAR (VARCHAR2) |
| Class | VARCHAR (VARCHAR2) |
| Byte arrays | Tipo binario de la BD |
| Strings muy largos | CLOB o TEXT |

Ahora se procede a crear la clase Java que se corresponde con el archivo anterior. Esta clase es un objeto del modelo de dominio que vamos a persistir en base de datos (representará una tabla en la misma), también conocida como POJO (acrónimo de *Plain Old Java Object*). Fíjate que esta clase tiene dos constructores, uno de ellos sin parámetros, es decir, el constructor por defecto. Hibernate requiere que las clases de nuestro modelo tengan este tipo de constructor para poder crear instancias mediante reflectividad. Recuerda que una clase sin constructor ya consta de este constructor por defecto, no obstante, si nosotros añadimos uno con parámetros, el constructor por defecto desaparecería, por lo que necesitamos declararlo de manera explícita.

Por lo tanto, las clases Java a persistir deben tener las siguientes características:

▼ Uno de los constructores deberá ser el constructor por defecto, público y sin ningún tipo de argumentos.

▼ Por cada propiedad deberemos tener un *get/set* asociado. Existe la posibilidad de no añadir *getters* o *setters* a la clase, pero entonces deberíamos especificárselo explícitamente en el campo propiedad del fichero de configuración que mapea al objeto, cuyo tipo de acceso será de campo. De esta manera:

```
<property name="nombre_atributo" access="field" />
```

▼ De forma opcional, aunque no obligatoriamente, se podría hacer que la clase implementase la interfaz *Serializable*.

▼ El identificador será preferiblemente de tipos *nullables* (*Integer*, *Long*, etc.) mejor que de tipos básicos (*int*, *long*, etc.).

▼ En la medida de lo posible se debe evitar el uso de claves compuestas.

Se presenta el POJO del modelo de dominio *Customer.java*:

```java
package org.sistema.test.Test;
/**
 * Represents the Customer data
 *
 * @author Eugenia Pérez Martínez
 */
public class Customer {
   private Long id;
   private String name;
   private String address;
   private String email;

   /**
    * Default constructor
    */
   public Customer() {
   }

   /**
    * Constructor with all attributes
```

```java
     *
     * @param name
     * @param address
     * @param email
     */
    public Customer(String name, String address, String email) {
       this.name = name;
       this.address = address;
       this.email = email;
    }

    /**
     * @return the id
     */
    public Long getId() {
       return id;
    }

    /**
     * @param id
     *        the id to set
     */
    public void setId(Long id) {
       this.id = id;
    }

    /**
     * @return the name
     */
    public String getName() {
       return name;
    }

    /**
     * @param name
     *        the name to set
     */
    public void setName(String name) {
       this.name = name;
    }

    /**
     * @return the address
     */
```

```java
    public String getAddress() {
       return address;
    }

    /**
     * @param address
     *        the address to set
     */
    public void setAddress(String address) {
       this.address = address;
    }

    /**
     * @return the email
     */
    public String getEmail() {
       return email;
    }

    /**
     * @param email
     *        the email to set
     */
    public void setEmail(String email) {
       this.email = email;
    }
}
```

Ahora nos quedaría implementar el DAO con todas las operaciones CRUD sobre el modelo. Es recomendable desarrollar una interfaz que luego nos facilite la inyección de dependencias (integración con otros *frameworks*) o el desarrollo de test unitarios. Esta sería dicha interfaz:

```java
package org.sistema.test.Test.dao;

import java.util.List;
import org.sistema.test.Test.Customer;
/**
 * CustomerDAO interface
 *
 * @author Eugenia Pérez Martínez
 */
public interface CustomerDAO {
```

```java
    public Customer selectById(Long id);

    public List<Customer> selectAll();

    public void insert(Customer customer);

    public void update(Customer customer);

    public void delete(Customer customer);

}
```

Y esta la implementación de la interfaz:

```java
package org.sistema.test.Test.dao.impl;

import java.util.List;
import org.hibernate.Session;
import org.hibernate.SessionFactory;
import org.sistema.test.Test.Customer;
import org.sistema.test.Test.dao.CustomerDAO;

/**
 * Hibernate specific Customer DAO
 *
 * @author Eugenia Pérez Martínez
 */
public class HibernateCustomerDAO implements CustomerDAO {
   /*
    * selects one customer by Id
    *
    * @param id
    * @return Customer
    */
   public Customer selectById(Long id) {
      SessionFactory sessionFactory =
         HibernateSession.getSessionFactory();
      Session session = sessionFactory.openSession();
      Customer customer = (Customer) session.get(Customer.class, id);
      session.close();
      return customer;
   }
```

```java
/*
 * retrieves all customers from db
 *
 * @return List of customers
 */
public List<Customer> selectAll() {
   SessionFactory sessionFactory =
      HibernateSession.getSessionFactory();
   Session session = sessionFactory.openSession();
   List<Customer> customers =
      session.createCriteria(Customer.class).list();
   session.close();
   return customers;
}

/*
 * inserts a new customer in database retrieves generated id and sets to
 * customer instance
 *
 * @param new customer
 */
public void insert(Customer customer) {
   SessionFactory sessionFactory =
      HibernateSession.getSessionFactory();
   Session session = sessionFactory.openSession();
   session.beginTransaction();
   Long id = (Long) session.save(customer);
   customer.setId(id);
   session.getTransaction().commit();
   session.close();
}

/*
 * updates customer
 *
 * @param customer to update
 */
public void update(Customer customer) {
   SessionFactory sessionFactory =
      HibernateSession.getSessionFactory();
   Session session = sessionFactory.openSession();
   session.beginTransaction();
   session.merge(customer);
   session.getTransaction().commit();
```

```java
      session.close();
  }

  /*
   * delete given customer
   *
   * @param customer to delete
   */
  public void delete(Customer customer) {
    SessionFactory sessionFactory =
      HibernateSession.getSessionFactory();
    Session session = sessionFactory.openSession();
    session.beginTransaction();
    session.delete(customer);
    session.getTransaction().commit();
    session.close();
  }
}
```

Esta clase permitirá realizar operaciones CRUD sobre los registros de nuestras tablas. Para ello, en cada una de las acciones, obtenemos un objeto *Session* a través de la factoría, se crea un objeto transaccional y se realiza la operación pertinente mediante dicho objeto, se realiza un *commit* de la transacción y finalmente se cierra. De esta manera se garantiza la atomicidad de las transacciones, es decir, todas las operaciones realizadas dentro de la transacción son o bien persistidas satisfactoriamente o bien descartadas mediante una operación de *rollback*.

Una vez creada la clase anterior, verás que hay varios errores de compilación debido a que no se encuentra la clase *HibernateSession* utilizada para obtener la factoría. Vamos por lo tanto a crearla:

```java
package org.sistema.test.Test;

import org.hibernate.Session;
import org.hibernate.SessionFactory;
import org.hibernate.cfg.Configuration;
import org.hibernate.service.ServiceRegistry;

/**
 * Represents an entity which handles the session with the
database.
 * @author Eugenia Pérez Martínez
 */
```

```java
public class HibernateSession {
    private static final SessionFactory sessionFactory =
        buildSessionFactory();
    private static Session session;

    /**
     * Based on hibernate.cfg.xml configuration creates a SessionFactory
     *
     * @return the session factory
     */
    private static SessionFactory buildSessionFactory() {
        Configuration configuration = new Configuration();
        configuration.configure();
        ServiceRegistry serviceRegistry = new ServiceRegistryBuilder()
                .applySettings(configuration.getProperties())
                .buildServiceRegistry();
        SessionFactory sessionFactory = configuration
                .buildSessionFactory(serviceRegistry);
        return sessionFactory;
    }

    /**
     * This gives the desired session factory
     *
     * @return hibernate Session Factory instance
     */
    public static SessionFactory getSessionFactory() {
        return sessionFactory;
    }

    /**
     * Gives the current Session
     *
     * @return Hibernate Session
     */
    public static Session getSession() {
        if (null == session) {
            session = sessionFactory.openSession();
        }
        return session;
    }
}
```

Esta clase viene a ser un cliente que permite obtener y cargar la factoría de sesiones basándose en los parámetros de configuración del fichero de Hibernate.

Por último, se desarrolla un programa principal que instancia el DAO y le da uso. En este caso no es más que una aplicación de consola que permite probar nuestra aplicación.

```java
package org.sistema.test.Test;

import java.util.List;
import org.sistema.test.Test.dao.CustomerDAO;
import org.sistema.test.Test.dao.impl.HibernateCustomerDAO;
import org.sistema.test.Test.model.Customer;

public class Main {
    /**
     * App entry point.
     *
     * @param customerDAO
     */
    public static void showAll(CustomerDAO customerDAO) {
        List<Customer> customers = customerDAO.selectAll();
        System.out.println("--- CUSTOMER ----- table contents -----------");
        for (Customer customer : customers) {
            System.out.println("Id: " + customer.getId());
            System.out.println(" - Name: " + customer.getName());
            System.out.println(" - Address: " + customer.getAddress());
        }
        System.out.println("Total Customers: " + customers.size());
    }

    public static void main(String[] args) {
        CustomerDAO customerDAO = new HibernateCustomerDAO();
        //Select all
        showAll(customerDAO);

        // Insert new data
        Customer newCustomer = new Customer("Bill Gates", "Money Street, Seattle",
                "bill@bills.com");
        customerDAO.insert(newCustomer);
        System.out.println("Inserted id: " + newCustomer.getId());
        newCustomer = new Customer("Steve Jobs", "Vegan Street, Palo Alto",
```

```
            "isteve@apple.com");
    customerDAO.insert(newCustomer);
    System.out.println("Inserted id: " + newCustomer.getId());
    System.out.println("\nShow data after new insert");
    showAll(customerDAO);

    // Select just one
    Customer oneCustomer = customerDAO.selectById(Long.
valueOf(1));
    System.out.println("\nShow the customer with ID=1");
    System.out.println("--- CUSTOMER ----- table contents
-----------");
    System.out.println("Selected Name: " + oneCustomer.
getName());

    // Update a customer
    newCustomer.setAddress("Buggy software Street,
Illinois");
    customerDAO.update(newCustomer);
    System.out.println("\nShow data after update");
    showAll(customerDAO);

    // Delete one customer
    customerDAO.delete(newCustomer);
    System.out.println("\nShow data after deletion");
    showAll(customerDAO);
    }
}
```

### 1.2.4 Configuración basada en anotaciones

El uso cada vez más frecuente de ficheros XML para la configuración ha derivado en lo que se viene conociendo peyorativamente como *el infierno XML*. La proliferación de múltiples *frameworks* de desarrollo unida a un uso bienintencionado de XML como formato de fichero de configuración, hacen que los proyectos de software acaben acumulando infinidad de ficheros XML, el cual es un formato más bien extenso, repetitivo y sobre todo susceptible de provocar errores. Este cúmulo de inconvenientes hace que los desarrolladores y los propios *frameworks* opten por otras formas de configuración que eviten la acumulación de ficheros como son las anotaciones incluidas en el propio código. Dichas anotaciones sobre clases Java hacen que la especificación sea más directa y compacta.

Cabe destacar que ambos conceptos ofrecen ventajas y desventajas, siendo así que algunos ortodoxos siguen abogando por la forma de mapeo tradicional, mediante XML, puesto que tiene una mayor abstracción del código, y supone una vía mucho menos intrusiva. Es decir, si el día de mañana tenemos que modificar ciertas características no tendremos que tocar el código en ningún momento.

Hibernate creó sus propias anotaciones en el paquete *org.hibernate. annotations* inicialmente, pero a partir de la versión 4 estas pasaron a considerarse *deprecated*, y a usarse aquellas del estándar JPA contenidas en el paquete *javax. persistence*. No obstante, cabe destacar que JPA no es capaz de dar cobertura a todas las características específicas de Hibernate, siendo necesario en estos casos el uso de alguna anotación del paquete *org.hibernate.annotations*.

En primer lugar tan solo deberemos reemplazar la línea del fichero de configuración (*hibernate.cfg.xml*) de Hibernate donde hacíamos referencia a nuestro fichero de mapeo de entidad por esta donde especifiquemos el POJO a persistir:

```
<!-- Here comes the concrete path to refer our AJO file -->
<mapping class="org.sistema.test.TestAnnotations.Customer" />
```

La mayor diferencia entre una opción y otra será la forma en la que tratemos el POJO, en este caso pasa a convertirse en AJO (*Annotated Java Object*). En lugar de incluir un fichero XML de mapeo, incorporaremos anotaciones en la clase. El resto del programa (DAO, *Main*, etc.) no varía. A continuación se presenta la clase *Customer.java*, esta vez mapeada:

```java
/**
 * Represents the Customer data
 *
 * @author Eugenia Pérez Martínez
 */
@Entity
@Table(name = "CUSTOMERS")
public class Customer {
    @Id
    @GeneratedValue(strategy = GenerationType.IDENTITY)
    @Column(name = "CUSTOMER_ID")
    private Long id;
    @Column(name = "CUSTOMER_NAME")
    private String name;
    private String address;
    private String email;
    /**
     * Default constructor, getters and setters.
     */
}
```

Estrictamente las anotaciones obligatorias que deberíamos incluir son:

- *@Entity*: anotación estándar de JPA, aplicada a la clase. Indica que esta clase Java es una entidad a persistir.

- *@Id*: se aplica a una propiedad Java e indica que este atributo es la clave primaria.

De manera opcional:

- *@Table(name="CUSTOMERS")*: se aplica a la clase e indica el nombre de la tabla de la BD donde se persistirá la clase. Podemos ponerla o no, en caso de no ponerla la tabla tomará el nombre de la clase.

- *@Column(name="ID")*: se aplica a una propiedad Java e indica el nombre de la columna de la BD en la que se persistirá la propiedad. Al igual que en el caso anterior en caso de no ponerla tomará el nombre de los atributos.

  Admite otro tipo de atributos como *nullable* o *unique*.

- *@GeneratedValue*: permite crear un campo identificador en función de una estrategia. Esta anotación se basa en el parámetro *strategy*, mediante un *GenerationType*, de valores:

  - *AUTO*: viene a ser el equivalente a *NATIVE*, se utiliza una determinada estrategia en función del SGBD.

  - *IDENTITY*: Hibernate se hará responsable de asignar la clave primaria en base a la columna identidad, en MySQL se corresponde con *AUTO_INCREMENT*.

    ```
    @GeneratedValue(strategy = GenerationType.IDENTITY)
    ```

- Existen otros valores que no son soportados por nuestro dialecto como *SEQUENCE* donde Hibernate asigna la clave primaria en base a una secuencia. Será útil en caso de utilizar Oracle versión 11 o anteriores, ya que no provee autonumeración por defecto. Para ello se debe especificar el uso de un *Generator*, etc.

Por último cabe destacar que estamos utilizando las anotaciones propias de JPA para realizar mapeos básicos, por lo que no necesitaremos ninguna dependencia específica de Hibernate dentro del fichero *pom.xml*.

## 1.3 LA SESIÓN DE HIBERNATE

En los ejemplos anteriores hemos visto que se hacía un uso intensivo de instancias de la interfaz *Session* de Hibernate. La principal función de esta interfaz es ofrecer operaciones de creación, lectura y borrado de entidades de nuestro modelo.

Con respecto a su relación con la *Session* de Hibernate, una entidad puede estar en uno de estos tres estados:

▼ *transient*: nunca ha sido persistida y está fuera del ámbito de cualquier *Session*.

▼ *persistent*: asociada con una *Session*.

▼ *detached*: ya no está asociada con el objeto *Session*, pero ha sido previamente persistente.

Una entidad está siempre en uno de estos estados, pero no en varios a la vez. Para pasar de uno a otro se utilizan los siguientes métodos de la clase *Session*:

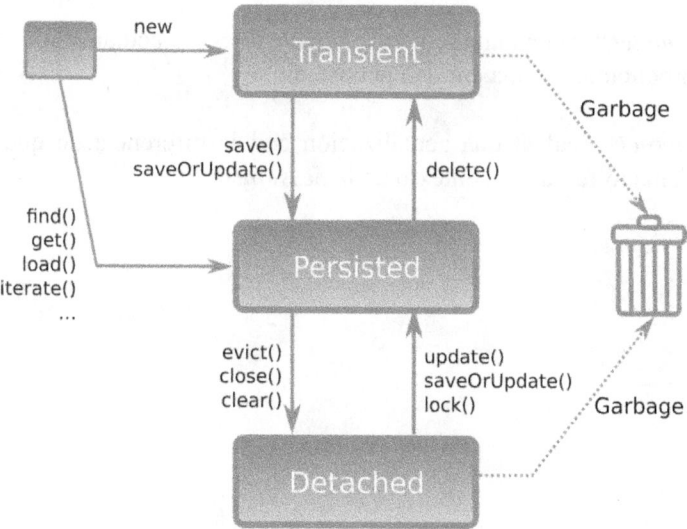

**Figura 1.6.** Diagrama de estados y transiciones del ciclo de vida de los objetos

Los métodos que aparecen en la figura anterior tienen los siguientes cometidos:

- ▼ *save()*: persiste una instancia *transient* a través de una *INSERT SQL*.

- ▼ *persist()*: hace lo mismo que el método *save()*, pero se diferencia de este en que la inserción no se produce inmediatamente, sino que se espera hasta que no se produzca un *flush*. Además, en caso de que sea llamado fuera de los límites de una transacción, no se ejecutará el *insert*.

- ▼ *saveOrUpdate()*: salva o actualiza una entidad según corresponda en función de su estado.

- ▼ *delete()*: borra una entidad de la base de datos.

- ▼ *get()*: recupera una entidad de la base de datos a partir de su *ID*.

- ▼ *load()*: recupera un *proxy* que contiene el *ID* de la entidad buscada sin necesidad de ir a la base de datos. No contiene sus propiedades, es simplemente un *fake* temporal solo con el *ID*.

- ▼ *update()*: genera una sentencia *update* de SQL, actualizando los cambios producidos en una entidad persistente.

- ▼ *merge()*: realiza una actualización con la diferencia de que puede ser llamado fuera del contexto de la *Session*.

# 2

# JPA VS. HIBERNATE

## 2.1 JAVA PERSISTENCE API

*Java Persistence API* o JPA es la API de persistencia para Java EE incluida en el estándar EJB3. Son tres áreas las que contempla principalmente:

- ▼ La API definida en el paquete *javax.persistence*.
- ▼ JPQL o Java Persistence Query Language: el lenguaje de consulta.
- ▼ Objeto a modelo relacional mediante metadatos de mapeo.

El fin último de esta API es aprovecharse de las ventajas del paradigma de la orientación a objetos, siguiendo el patrón de mapeo objeto-relacional, al interactuar con la base de datos y permitir utilizar los objetos planos del modelo, conocidos como POJO.

Dado que las bases de datos tradicionales no permiten trabajar directamente con objetos, desde hace unos años se ha venido impulsando el uso de motores de persistencia, cuya función principal consiste en la traducción entre los objetos o entidades del lenguaje y los registros de las tablas de las bases de datos.

JPA aglutina los conceptos fundamentales de los principales *frameworks* de persistencia, como Hibernate, Toplink y JDO. El mapeo objeto-relacional se realiza mediante anotaciones en las propias clases de entidad. Para su configuración se utiliza un fichero XML que incluye toda la información que previamente se había incorporado en el *hibernate.cfg.xml*, además de los extras que se necesiten, y que llamaremos *persistence.xml*.

A continuación se presenta un ejemplo:

```
<persistence xmlns="http://java.sun.com/xml/ns/persistence"
    xmlns:xsi="http://www.w3.org/2001/XMLSchema-instance"
    xsi:schemaLocation="http://java.sun.com/xml/ns/persistence
    http://java.sun.com/xml/ns/persistence/persistence_2_0.xsd"
    version="2.0">
    <persistence-unit name="JpaExample">
        <provider>org.hibernate.ejb.HibernatePersistence</provider>
        <class>org.sistema.hibernatejpa.JpaExample.Customer</class>
        <properties>
            <property name="hibernate.dialect" value="org.hibernate.dialect.MySQLDialect" />
            <property name="javax.persistence.jdbc.driver" value="com.mysql.jdbc.Driver" />
            <property name="javax.persistence.jdbc.user" value="root" />
            <property name="javax.persistence.jdbc.password" value="" />
            <property name="javax.persistence.jdbc.url" value="jdbc:mysql://localhost:3306/testdb" />
            <property name="hibernate.hbm2ddl.auto" value="create" />
        </properties>
    </persistence-unit>
</persistence>
```

Se observa que es análogo al fichero de configuración de Hibernate, comentado en el capítulo anterior.

## 2.2 IMPLEMENTACIONES DE JPA

Existen muchas implementaciones diferentes de JPA, entre las cuales Hibernate es una más (aunque sin duda la más usada). Destacan las siguientes:

- EclipseLink
- OpenJPA
- TopLink
- ObjectDB
- CocoBase
- DataNucleus
- Amber

JPA define una interfaz común que será implementada por el proveedor de persistencia elegido, en este caso Hibernate, pero que podría variar en función de las necesidades. Dicho proveedor, por lo tanto, funciona siempre bajo esta API, siendo el encargado de realizar el trabajo.

## 2.3 HIBERNATE COMO IMPLEMENTACIÓN DE JPA

Si en un proyecto se desea utilizar la API JPA con Hibernate como ORM subyacente, se deberá incluir la siguiente dependencia Maven:

```xml
<dependency>
  <groupId>org.hibernate</groupId>
  <artifactId>hibernate-entitymanager</artifactId>
  <version>4.3.7.Final</version>
</dependency>
```

Fíjate en que el *artifactId* pasa de ser *hibernate-core* a *hibernate-entitymanager*.

### 2.3.1 Una entidad simple

Este es el ejemplo simple de una entidad:

```java
package org.sistema.hibernatejpa.JpaExample;

@Entity
public class Film {
    @Id
    @GeneratedValue
    private Long id;
    private String title;
    private int duration;

    /**
     * Getters and setters.
     */
}
```

Las entidades suelen ser POJO. La clase *Film* se ha anotado con *@Entity*, con lo que se indica al proveedor de persistencia que cada instancia de dicha clase se corresponde con una entidad. Decimos que una entidad es válida si:

- Proporciona un constructor por defecto, de manera explícita o implícita.
- No es una clase interna, luego es de primer nivel.
- No es final.
- Implementa la interface *java.io.Serializable* si va a ser accedida remotamente.

Dichas configuraciones de mapeo se especifican bien a través de ficheros de configuración XML o bien mediante el uso de anotaciones o metadatos, como se ha hecho en el anterior capítulo.

### 2.3.2 Identidad

Es necesario que cada una de las entidades tenga una propiedad que las identifique del resto. Dicha propiedad será marcada con la anotación *@Id*. Adicionalmente es recomendable que dicha propiedad sea de un tipo que admita valores *null*, como *Long* en lugar de *long*.

Como se presentó en el capítulo anterior, con la anotación *@GeneratedValue* se permite crear un campo identificador en función de una estrategia indicada.

### 2.3.3 Configuración por defecto

JPA aplica a las entidades con las que trabaja una configuración por defecto, de esta forma mediante una información mínima (como ya se vio previamente, con las anotaciones *@Entity* y *@Id* sería suficiente) la entidad es funcional.

Dada esta configuración mínima, las entidades de tipo *Film* son mapeadas a una tabla del mismo nombre en la BD. Además, cada una de sus propiedades se convertirá en una columna dentro de la tabla, respetando igualmente el nombre que ya tienen.

No obstante, puede ser que interese configurar el mapeo de forma personalizada, ajustando los nombres de las tablas y de las filas.

Es posible consultar la especificación completa de JPA 2.0 en:
*https://jcp.org/aboutJava/communityprocess/final/jsr317/index.html*

## 2.3.4 Lectura temprana y lectura demorada

JPA permite especificar el tipo de lectura a realizar sobre una propiedad, de tal forma que esta lectura puede producirse cuando la entidad es creada, lectura temprana o *EAGER*, o bien la primera vez que se accede a su valor, lectura demorada o *LAZY*. Esto resulta especialmente útil si la propiedad contiene un objeto de cierto volumen, ya que si esta nunca va a ser accedida nos estaremos evitando el coste que supone su creación.

En el ejemplo siguiente se representa una portada de una película en forma de objeto *Image*. A través de la anotación *@Basic(fetch = FetchType.LAZY)* se estará marcando dicha propiedad como de lectura demorada (ya que es una propiedad que representa un objeto de cierto tamaño).

```
@Basic(fetch = FetchType.LAZY)
private Image banner;
```

El comportamiento implícito de la mayoría de tipos Java es el de lectura temprana, aunque también se podría indicar de la siguiente manera:

```
@Basic(fetch = FetchType.EAGER)
private Image banner;
```

Como norma general y dado que el tipo de lectura de una propiedad puede comprometer en gran medida el rendimiento de la aplicación, solo aquellos objetos de gran tamaño o los tipos de asociación deben ser marcados como de lectura demorada o *LAZY*. Si marcásemos todas las propiedades como de lectura demorada, cada vez que se necesite acceder por primera vez a cada una de ellas será necesario realizar una llamada a la BD, por lo que en lugar de realizar una única lectura al crear la entidad en memoria, sin apenas coste, se estarían realizando multitud de llamadas a la BD bajo demanda.

## 2.3.5 Tipos enumerados

A través de la anotación *Enumerated* JPA permite mapear los tipos enumerados o *enum*:

```
@Enumerated
private Genre genre;
```

Por defecto JPA mapea cada valor ordinal de un tipo enumerado a una columna de tipo numérico en la BD. Por ejemplo, a continuación se crea un tipo enumerado (*enum*) que va a permitir describir el género de una película:

```
public enum Genre {
  HORROR,
  DRAMA,
  COMEDY,
  ACTION
}
```

Si la propiedad tiene el valor *Genre.COMEDY*, en la columna correspondiente de la BD se insertará el valor 2 (que es el valor ordinal de *Genre.COMEDY*). Sin embargo, si en el futuro reordenamos las posiciones de los géneros o bien se desea introducir un nuevo género en una posición intermedia, la BD pasará a almacenar valores desactualizados que no se corresponderán con los nuevos valores ordinales del tipo enumerado. Es por esta razón por lo que se plantea una alternativa a la numeración ordinal, utilizando una columna de texto que contendrá como valor almacenado el nombre del valor *enum*:

```
@Entity
public class Pelicula {
  @Enumerated(EnumType.STRING)
  private Genero genero;
  ...
}
```

## 2.3.6 Transient

Puede darse el caso de que por distintas razones no se desee almacenar una propiedad en la tabla de la BD, para ello se debe marcar como *@Transient*. En el ejemplo siguiente se muestra una entidad Persona con una propiedad edad, entre otras muchas. Se entiende que esta propiedad debe ser actualizada periódicamente a partir de la fecha de nacimiento (*dateOfBirth*) en tiempo de ejecución a fin de no quedar desactualizada, luego en este caso se considera innecesario su almacenamiento.

```
@Entity
public class Person {
  @Id
  @GeneratedValue
  private Long id;
```

```
    private String name;
    private String surname;
    private Date dateOfBirth;
    @Transient
    private int age;

    // getters y setters
}
```

Por lo que para obtener el valor del atributo edad se utiliza su método *getter*:

```
public int getAge() {
    // workout the age and return it
}
```

## 2.3.7 Colecciones básicas

Una entidad también puede contener colecciones (*java.util.Collection* y/o *java.util.Map*) de elementos de tipos básicos o complejos.

```
private List<String> comments = new ArrayList<String>();
```

Por defecto la lista de elementos se mapea con la configuración predeterminada por JPA, aunque por supuesto, podemos cambiar dicha configuración mediante diversas anotaciones, entre las que se encuentran:

```
@ElementCollection(fetch = FetchType.LAZY)
@CollectionTable(name = "TABLA_COMENTARIOS")
private List<String> comments = new ArrayList<String>();
```

*@ElementCollection* permite definir el tipo de lectura (*EAGER* o *LAZY*). Por otro lado, *@CollectionTable* nos permite definir el nombre de la tabla donde queremos almacenar los elementos de la colección. En el siguiente capítulo se presentan distintas colecciones de uso común y su forma de mapeo.

## 2.3.8 Tipos insertables

Los tipos insertables o *embeddable types* representan objetos sin identidad, de tal manera que necesitan de otra entidad fuerte para ser persistidos. Es decir, es una entidad débil que tiene una relación 1:1 con la entidad fuerte. Cada una de las propiedades del tipo insertable es mapeado a la tabla de la entidad fuerte, que es aquella entidad que la contiene:

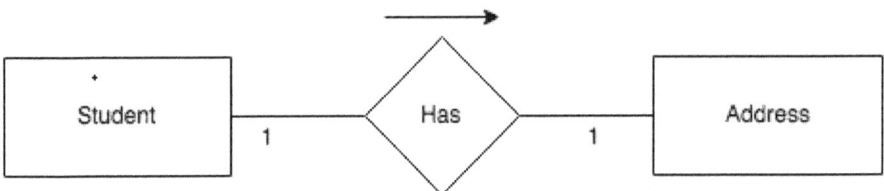

**Figura 2.1.** Modelo e/r de una entidad débil

Definimos un tipo insertable con la anotación *@Embeddable*:

```
@Embeddable
public class Address {
   private String streetName;
   private int postalCode;

   // ...
}
```

Para representar su inserción dentro de la entidad fuerte se utiliza la anotación *@Embedded*:

```
@Entity
public class Student {
   // ...

   @Embedded
   private Address address;
}
```

Por lo tanto, la tabla que representa a las entidades de tipo *Student* va a pasar a contener como columnas sus propiedades más aquellas definidas en la entidad insertable *Address*.

## 2.3.9 Tipos de acceso

Cuando hablamos de tipos de acceso lo hacemos en función del lugar donde se encuentran situadas las anotaciones de mapeo, distinguiendo entre acceso a:

- ▼ Variable o *Field access*: las anotaciones se encuentran en las variables de las clases, como hasta ahora se ha venido haciendo.

- ▼ Propiedad o *Property access*: las anotaciones se sitúan en los métodos *get*.

A efectos prácticos no existe diferencia más allá de las preferencias por la organización del código entre ambas opciones. No obstante, es importante que seamos consistentes con la decisión y evitemos combinar ambos tipos de acceso puesto que podría provocar comportamientos anómalos en la interpretación que JPA realice. Dicha problemática se ilustrará con un ejemplo basado en clases insertables, que por defecto heredan el tipo de acceso de la entidad fuerte o de la que las contiene:

```
@Embeddable
public class Insertable {
  private int variable;

  @Column(name = "TRIPLE_VALUE")
  public long getVariable() {
    return variable * 3;
  }

  public void setVariable(long variable) {
    this.variable = variable;
  }
}

@Entity
public class Entity
  @Id
  @GeneratedValue
  private Long entityId;
  @Embedded
  private Insertable insertable;
}
```

En el ejemplo anterior se puede observar cómo el acceso a la variable en la clase *Insertable* ha sido definido en su método *get*, tras realizar cierta operación, por lo que se pretende utilizar un tipo de acceso por propiedad. No obstante, la clase contenedora *Entity* ha definido un tipo de acceso a nivel de variable, por lo que la clase *Insertable* heredará ese comportamiento. El problema se produce al realizar el acceso a dicha variable de la entidad débil (*Entity.Insertable.variable*), en lugar de obtener el triple del valor de la variable, se obtiene el valor contenido en la misma.

Este tipo de problemas se evitaría mediante la declaración explícita del tipo de acceso utilizado, para lo que se utiliza la anotación *@Access*:

```
@Embeddable
@Access(AccessType.PROPERTY)
public class Insertable { ... }
```

Por lo tanto a nivel de clase se puede especificar el tipo de acceso por propiedad, *@Access(AccessType.PROPERTY)*, o bien por variable, *@Access(AccessType.FIELD)*. De esta manera todas las anotaciones que no se correspondan con el tipo de acceso definido serán ignoradas.

```
@Embeddable
@Access(AccessType.FIELD)
public class Insertable {
   private long variable;

   @Column(name = "TRIPLE_VALUE")
   public long getVariable() {
     return variable * 3;
   }

   public void setVariable(long variable) {
     this.variable = variable;
   }
}
```

Dado que en el ejemplo anterior se ha marcado el tipo de acceso por variable, la anotación *@Column* definida en el método *get* será ignorada, no causando efecto alguno.

# 3

# MAPEO DE CLASES PERSISTENTES

## 3.1 ASOCIACIONES

Solo en raras ocasiones deberemos guardar un objeto simple como lo vimos anteriormente. Por lo general guardamos grafos de objetos u objetos relacionados con otros objetos. En estos casos queremos que los objetos se guarden, actualicen, o eliminen en el momento que lo haga nuestro objeto principal.

Al igual que sucede en las bases de datos relacionales, en Hibernate encontramos 4 tipos de relaciones entre entidades:

- Uno a uno.
- Uno a muchos.
- Muchos a uno.
- Muchos a muchos.

Si además de la relación indicamos una dirección en la misma, es decir, unidireccional o bidireccional, el número de variantes se incrementa:

- Uno a uno unidireccional.
- Uno a uno bidireccional.
- Uno a muchos unidireccional.
- Uno a muchos bidireccional.
- Muchos a uno unidireccional.
- Muchos a muchos unidireccional.
- Muchos a muchos bidireccional.

Con las variantes de la dirección el total de relaciones se quedan en 7 ya que dos de ellas, muchos a uno bidireccional y uno a muchos bidireccional, son equivalentes.

## 3.2 RELACIONES 1:1

### 3.2.1 Unidireccional

Las relaciones uno a uno se dan entre entidades para las que una ocurrencia de una solo puede relacionarse con otra ocurrencia de la otra entidad. Por ejemplo, vamos a suponer una aplicación en la que existan servicios, y para cada uno de estos necesitemos indicar el puerto de red que utilizan.

Primero crearemos las clases *Port* y *Service* (para la relación unidireccional). La clase *Service* queda así:

```java
package org.sistema.hibernate.onetooneunidirxml.models;

/**
 * Represents a service or program
 * @author Eugenia Pérez Martínez
 * @email eugenia_perez@cuatrovientos.org
 */
public class Service {

    private Long id;
    private String name;
    private String path;

    /**
     * default constructor
     */
    public Service () {
    }
    /**
     * @param id
     * @param name
     * @param path
     */
    public Service(Long id, String name, String path) {
        this.id = id;
```

```java
        this.name = name;
        this.path = path;
    }

    /**
     * @return the id
     */
    public Long getId() {
        return id;
    }

    /**
     * @param id the id to set
     */
    public void setId(Long id) {
        this.id = id;
    }

    /**
     * @return the name
     */
    public String getName() {
        return name;
    }

    /**
     * @param name the name to set
     */
    public void setName(String name) {
        this.name = name;
    }

    /**
     * @return the path
     */
    public String getPath() {
        return path;
    }

    /**
     * @param path the path to set
     */
    public void setPath(String path) {
        this.path = path;
    }
```

```java
    /* (non-Javadoc)
     * @see java.lang.Object#toString()
     */
    @Override
    public String toString() {
        return "Service [id=" + id + ", name=" + name + ", path=" + path + "]";
    }
}
```

Esta clase representa un servicio del sistema operativo y tiene además del atributo para el ID otros dos atributos para el nombre de servicio y el *path* del programa. Es una entidad aislada que en principio no tiene vínculo alguno con la entidad *Port*, entidad que queda de la siguiente manera:

```java
package org.sistema.hibernate.onetooneunidirxml.models;

/**
 * Port class represents a tcp/udp port
 * @author Eugenia Pérez Martínez
 * @email eugenia_perez@cuatrovientos.org
 */
public class Port {

    private Long id;
    private Integer number;
    private String type;
    private Service service;

    /**
     * default constructor
     */
    public Port () {
    }

    /**
     * @param id
     * @param number
     * @param type
     * @param service
     */
    public Port(Long id, Integer number, String type, Service service) {
        this.id = id;
        this.number = number;
```

```java
        this.type = type;
        this.service = service;
    }

    /**
     * @return the id
     */
    public Long getId() {
        return id;
    }

    /**
     * @param id the id to set
     */
    public void setId(Long id) {
        this.id = id;
    }

    /**
     * @return the number
     */
    public Integer getNumber() {
        return number;
    }

    /**
     * @param number the number to set
     */
    public void setNumber(Integer number) {
        this.number = number;
    }

    /**
     * @return the type
     */
    public String getType() {
        return type;
    }

    /**
     * @param type the type to set
     */
    public void setType(String type) {
        this.type = type;
    }
```

```java
/**
 * @return the service
 */
public Service getService() {
   return service;
}

/**
 * @param service the service to set
 */
public void setService(Service service) {
   this.service = service;
}

/* (non-Javadoc)
 * @see java.lang.Object#toString()
 */
@Override
public String toString() {
   return "Port [id=" + id + ", number=" + number + ", type=" + type
          + ", service=" + service + "]";
}
}
```

Así como la clase *Service* es muy simple, esta clase que representa un puerto de red va un poco más allá. Además de tener unos atributos propios como ID, número y tipo (TCP y UDP), también tiene un atributo de tipo *Service* para guardar la información del servicio asociado. En consecuencia, la clase *Port* tiene acceso a *Service* a través de los *getters/setters* y en cuanto a la relación resulta obvio que *Port* es la que manda en la relación: es *owner* o dueña de la misma. Como consecuencia, es la clase *Port* la que decide cómo gestionar la instancia de la clase *Service* cuando haya modificaciones. Por ejemplo, ¿si se eliminase un puerto habría que eliminar también el servicio? Esos detalles son los que se especifican en la configuración de la relación, bien sea a través del archivo de mapeo XML o mediante anotaciones.

A continuación se muestra cómo configurar esta relación mediante el archivo de mapeo y más adelante se hará con anotaciones.

### 3.2.1.1 RELACIONES UNO A UNO UNIDIRECCIONALES CON ARCHIVOS DE MAPEO

Este es el aspecto que tendría el proyecto usando Maven en Eclipse. Los ficheros de mapeo XML se incluyen en la carpeta *src/main/resources*:

- oneToOneUnidirXML
  - src/main/java
    - org.sistema.hibernate.onetooneunidirxml
      - HibernateSession.java
      - Main.java
    - org.sistema.hibernate.onetooneunidirxml.dao
      - PortDAO.java
      - PortDAOInterface.java
      - ServiceDAO.java
      - ServiceDAOInterface.java
    - org.sistema.hibernate.onetooneunidirxml.models
      - Port.java
      - Service.java
  - src/test/java
  - src/main/resources
    - hibernate.cfg.xml
    - Port.hbm.xml
    - Service.hbm.xml
  - JRE System Library [J2SE-1.5]
  - Maven Dependencies
  - src
  - target
  - pom.xml

El fichero de mapeo para la clase *Service* sería:

```xml
<?xml version="1.0" encoding="UTF-8"?>
<!DOCTYPE hibernate-mapping PUBLIC
    "-//Hibernate/Hibernate Mapping DTD 3.0//EN"
    "http://hibernate.sourceforge.net/hibernate-mapping-3.0.dtd">
<hibernate-mapping package="org.sistema.hibernate.onetooneunidirxml.models">
   <class name="Service" table="service">
     <id name="id" column="id">
       <generator class="identity" />
     </id>
     <property name="name" />
     <property name="path" />
   </class>
</hibernate-mapping>
```

El mapeo de la clase *Service* no tiene ninguna complicación ya que es ajena al resto de entidades. Ahora veremos que el mapeo de la clase *Port* cambia un poco, sobre todo por el identificador y porque hay que indicar la relación con *Service*. En este caso partimos del supuesto de que un puerto tiene un servicio así que ambos comparten el mismo identificador, de tal forma que si recuperamos la entidad puerto también estaremos recuperando la entidad servicio, y con la eliminación ocurriría exactamente igual (lo cual no tiene que ser así siempre). En este caso, como la entidad puerto es la que es consciente de la relación será quien asuma el identificador que tiene la entidad servicio.

Para conseguir establecer esa relación y decirle que el identificador viene de otra entidad debemos indicar dentro del ID una propiedad *foreign*. Establecemos el vínculo a través de la propiedad *service* o servicio de la propia entidad puerto. Así es como quedaría finalmente:

```xml
<?xml version="1.0" encoding="UTF-8"?>
<!DOCTYPE hibernate-mapping PUBLIC
    "-//Hibernate/Hibernate Mapping DTD 3.0//EN"
    "http://hibernate.sourceforge.net/hibernate-mapping-3.0.dtd">
<hibernate-mapping package="org.sistema.hibernate.onetooneunidirxml.models">
    <class name="Port" table="port">
      <id name="id" column="id">
        <generator class="foreign">
           <param name="property">service</param>
        </generator>
      </id>
      <property name="number" />
      <property name="type" />
    </class>
</hibernate-mapping>
```

Ahora agregaremos al final un elemento más para establecer esa relación uno a uno con la entidad servicio. Utilizaremos un elemento llamado <one-to-one>, cuyo atributo *name* nos sirve para indicar qué atributo de la entidad puerto es el que hace referencia a la entidad servicio, cosa que es obvia:

```xml
<one-to-one name="service" />
```

El objetivo es que cada vez que guardemos o modifiquemos una entidad puerto también se guarde la entidad servicio en la base de datos. Así mismo, si se elimina la entidad puerto también queremos que su servicio correspondiente se elimine. Para conseguirlo, debemos usar el atributo *cascade* dentro del elemento *<one-to-one>*.

En ese atributo *cascade* establecemos las operaciones que se deben realizar en las entidades dependientes cuando en las entidades padres hagamos algún cambio.

Estos son los valores que se pueden asignar al atributo:

- persist
- merge
- save-update
- delete
- lock
- refresh
- evict
- replicate
- all
- none

Gran parte de estos valores se corresponden con un método del mismo nombre del objeto *Session* de Hibernate (a excepción de *all* y *none*), y suelen ser operaciones que se realizan en cascada. Dichos valores pueden combinarse.

Salvo que se indique lo contrario, las operaciones no se realizan en cascada. En este ejemplo sin embargo, queremos que el servicio sea actualizado cada vez que el puerto se guarde o elimine. Para conseguir esto debemos establecer el valor *persist, delete* en atributo *cascade*:

```
<one-to-one name="service" cascade="persist, delete" />
```

Con todo el mapeo de la entidad puerto quedaría así:

```
<?xml version="1.0" encoding="UTF-8"?>
<!DOCTYPE hibernate-mapping PUBLIC
    "-//Hibernate/Hibernate Mapping DTD 3.0//EN"
    "http://hibernate.sourceforge.net/hibernate-mapping-3.0.dtd">
<hibernate-mapping package="org.sistema.hibernate.onetooneunidirxml.models">
    <class name="Port" table="port">
        <id name="id" column="id">
            <generator class="foreign">
                <param name="property">service</param>
```

```xml
            </generator>
        </id>
        <property name="number" />
        <property name="type" />
        <one-to-one name="service" cascade="persist, delete" />
    </class>
</hibernate-mapping>
```

Ahora crea un archivo *hibernate.cfg.xml* que incluya estos dos archivos de mapeo.

```xml
...
<session-factory>
        <!-- Database connection settings -->
        <property name="dialect">org.hibernate.dialect.MySQLDialect</property>
        <property name="connection.driver_class">com.mysql.jdbc.Driver</property>
        <property name="connection.url">jdbc:mysql://localhost:3306/onetoone</property>
        <property name="connection.username">root</property>
        <property name="connection.password"></property>
        <property name="cache.provider_class">org.hibernate.cache.HashtableCacheProvider</property>
        <property name="transaction.factory_class">org.hibernate.transaction.JDBCTransactionFactory</property>
        <property name="current_session_context_class">thread</property>
        <property name="hibernate.show_sql">true</property>
        <property name="hbm2ddl.auto">create</property>

        <!-- Here comes the mapping definition - saved in resources dir with this
             hibernate config -->
        <mapping resource="Port.hbm.xml" />
        <mapping resource="Service.hbm.xml" />
    </session-factory>
...
```

Como puedes ver en el fichero anterior, nos estamos conectando a una base de datos denominada *onetoone* de MySQL que deberás crear previamente. Además, lo estamos haciendo con un usuario *root*, al que deberás otorgar al menos los siguientes permisos sobre dicha base de datos.

| Schema | Privileges |
|---|---|
| onetoone | CREATE, DELETE, EXECUTE, INSERT, SELECT, SHOW VIEW, UPDATE |

Ahora usaremos la clase *HibernateSession* que creamos en el primer punto para trabajar con nuestras entidades.

```java
package org.sistema.hibernate.onetooneunidirxml;

import org.hibernate.Session;
import org.hibernate.SessionFactory;
import org.hibernate.cfg.Configuration;
import org.hibernate.service.ServiceRegistry;
import org.hibernate.service.ServiceRegistryBuilder;

/**
 * Represents a entity which handles the session with the database.
 * @author Eugenia Pérez Martínez
 * @email eugenia_perez@cuatrovientos.org
 */
public class HibernateSession {
    private static final SessionFactory sessionFactory = buildSessionFactory();
    private static Session session;

    /**
     * Based on hibernate.cfg.xml configuration creates a SessionFactory
     *
     * @return the session factory
     */
    private static SessionFactory buildSessionFactory() {
        Configuration configuration = new Configuration();
        configuration.configure();
        ServiceRegistry serviceRegistry = new ServiceRegistryBuilder()
            .applySettings(configuration.getProperties())
            .buildServiceRegistry();
        SessionFactory sessionFactory = configuration
            .buildSessionFactory(serviceRegistry);
        return sessionFactory;
    }
```

```java
/**
 * this gives the desired session factory
 *
 * @return hibernate Session Factory instance
 */
public static SessionFactory getSessionFactory() {
    return sessionFactory;
}

/**
 * gives the current Session
 *
 * @return Hibernate Session
 */
public static Session getSession() {
    if (null == session) {
        session = sessionFactory.openSession();
    }
    return session;
}
```

En la clase *Main* es donde ponemos a prueba la relación:

```java
package org.sistema.hibernate.onetooneunidirxml;

import org.sistema.hibernate.onetooneunidirxml.dao.PortDAO;
import org.sistema.hibernate.onetooneunidirxml.dao.ServiceDAO;
import org.sistema.hibernate.onetooneunidirxml.models.Port;
import org.sistema.hibernate.onetooneunidirxml.models.Service;

/**
 * Main class to try some operations
 * @author Eugenia Pérez
 * @email eugenia_perez@cuatrovientos.org
 */
public class Main {

    public static void main(String[] args) {
        Port port1 = new Port();
        port1.setNumber(80);
        port1.setType("tcp");
```

```java
        Port port2 = new Port();
        port2.setNumber(3306);
        port2.setType("tcp");

        Service service1 = new Service();
        service1.setName("Apache Web Server");
        service1.setPath("/usr/bin/apache2");

        Service service2 = new Service();
        service2.setName("MySQL");
        service2.setPath("/usr/bin/mysql");

        port1.setService(service1);
        port2.setService(service2);

        /*
         * Agregamos un servicio sin puerto asociado
         */
        Service service3 = new Service();
        service3.setName("SQLServer");
        service3.setPath("C:\\Program Files\\SQLServer\\sqls.exe");

        PortDAO portDAO = new PortDAO();
        ServiceDAO serviceDAO = new ServiceDAO();

        //Se almacena el servicio 3
        serviceDAO.insert(service3);

        //Se almacenan los otros dos puertos que tienen servicios
        //asociados,por lo tanto, los servicios se almacenan en cascada.
        portDAO.insert(port1);
        portDAO.insert(port2);

        //Finalmente se elimina el puerto 1, luego
        // el servicio será borrado en cascada.
        portDAO.delete(port1);
    }
}
```

En el código se muestra cómo se generan tres entidades servicio y dos entidades puerto. Dos de las entidades puerto se asignan a dos servicios. Y por último se elimina la instancia llamada servicio1. Tras estas operaciones nos deberíamos quedar con una sola entidad puerto y dos servicios. A continuación lo verificamos:

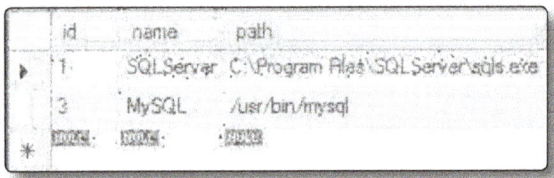

**Figura 3.1.** Tabla de servicios

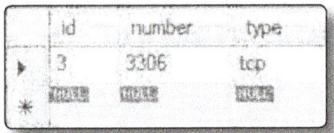

**Figura 3.2.** Tabla de puertos

La configuración de mapeo funciona correctamente ya que se verifica que se han eliminado tanto el servicio como el puerto asociado cuyo ID era 2.

### 3.2.1.2 RELACIONES UNO A UNO UNIDIRECCIONALES CON ANOTACIONES

A continuación vamos a hacer lo mismo que en el punto anterior pero prescindiendo de los archivos XML de mapeo para cada entidad. Es similar a utilizar Hibernate con JPA, ya que en esa situación también utilizábamos anotaciones. No obstante, difiere en que, como explicamos en su momento, utilizar JPA es respetar las interfaces que su API define, y que van mucho más allá de Hibernate, pudiendo utilizar una gran cantidad de ORM distintos. En este caso seguiremos utilizando Hibernate sin tener en cuenta JPA, pero con anotaciones sobre las entidades de nuestro modelo en lugar de archivos *hbm.xml*.

Para usar anotaciones en Hibernate debemos incluir la siguiente dependencia en nuestro fichero *pom.xml*:

```
. . .
        <dependency>
            <groupId>org.hibernate</groupId>
            <artifactId>hibernate-annotations</artifactId>
            <version>3.5.6-Final</version>
        </dependency>
. . .
```

La clase *Service* anotada queda de la siguiente forma:

```
@Entity
public class Service {
   @Id
   @GeneratedValue(strategy = GenerationType.IDENTITY)
   private Long id;
   private String name;
   private String path;

   /**
    * default constructor, getters/setters, toString(),…
    */
}
```

Como se puede apreciar, incluyendo tres simples anotaciones dentro de la clase nos evitamos el crear un archivo de mapeo XML. Otro tanto sucede con la clase *Port*, en la que únicamente varían las anotaciones para establecer la relación uno a uno con la clase *Service*.

Para cada uno de los 4 tipos de relaciones mencionadas al principio del capítulo disponemos de una anotación específica. En el caso de las relaciones uno a uno se usa la anotación *@OneToOne* indicando qué atributo representa la relación. En este caso la relación está representada por el atributo *service*, por lo que se coloca de la siguiente manera:

```
@OneToOne
private Service service;
```

No se necesita más. Usando anotaciones también podemos indicar comportamientos en cascada. Al igual que se hacía en XML, mediante el atributo *cascade* que agregamos a la anotación *@OneToOne*. Se le puede asignar una enumeración de elementos del tipo *javax.persistence.CascadeType*, donde cada uno de los elementos representa una operación que será realizada en cascada. Usando las anotaciones tenemos un número menor de operaciones que con los archivos de mapeo (esto es una desventaja de usar anotaciones). De hecho solo tenemos:

▼ *merge*: sirve para sincronizar los cambios realizados en un objeto fuera del contexto de Hibernate (es decir, marcado como *detached*, aquel que fue persistente pero se cerró la sesión en la que se trajo de la BD, no se puede salvar) y volcarlos a la tabla correspondiente de la base de datos.

▼ *persist*: guarda las entidades relacionadas con la entidad salvada.

▼ *refresh*: fuerza el refresco de las entidades asociadas cuando se actualiza la entidad principal. En Hibernate el método *refresh* sirve para recargar el estado de una entidad a partir de la BD. Es útil cuando se producen cambios en la BD generados desde fuentes distintas a Hibernate, como por ejemplo *triggers*.

▼ *remove*: elimina las entidades relacionadas con la entidad borrada.

▼ *all*: activa todas las cascadas anteriores.

Las operaciones no se realizan en cascada salvo que se indique lo contrario. En nuestro caso la pondremos a prueba indicando que queremos que cada vez que se lleven a cabo las operaciones de guardar y borrar se haga lo mismo en la entidad dependiente. Y así es como lo especificaremos:

```
@OneToOne(cascade={CascadeType.PERSIST, CascadeType.REMOVE})
private Service service;
```

Con esto Hibernate llevará a cabo las operaciones en cascada dando por sentado que ambas entidades (servicio y puerto) comparten el mismo identificador. Como esto no tiene por qué ser algo seguro, tenemos que indicar explícitamente que el identificador de la entidad persona es el mismo que el de la entidad dirección.

Para poder indicar que ese identificador es compartido por ambos usamos la anotación *@PrimaryKeyJoinColumn* en aquel atributo del que se toma el ID, que no es otro que *service*. Cabe matizar que en la práctica esto no funciona, de hecho hay muchos reportes de *bugs* en el sitio de Hibernate indicando esto. Por tanto dejaremos la anotación de esta relación como está, gracias a lo cual conseguiremos que en la tabla en la que se guarde la entidad puerto se añada una columna extra para almacenar el servicio usando una *foreign key*. Se puede especificar el nombre de la columna *@JoinColumn(name="NOMBRE_COLUMNA_ID")*. En caso de no especificar el nombre que recibirá dicha columna será el que Hibernate utiliza por convención (*convention over configuration*): *nombreclase_id*.

Por lo que la clase *Port* con anotaciones quedaría así:

```
@Entity
public class Port {

    @Id
    @GeneratedValue(generator = "gen")
```

```
    @GenericGenerator(name = "gen", strategy = "foreign", parameters =
    @Parameter(name = "property", value = "service"))
    private Long id;
    private Integer number;
    private String type;


    @OneToOne(cascade = { CascadeType.PERSIST, CascadeType.
REMOVE })
    @PrimaryKeyJoinColumn
    private Service service;
    /**
     * constructor, getters/setters, toString(),…
     */
}
```

También cabe la posibilidad de utilizar la estrategia mostrada en el mapeo por XML, y en este caso así es como quedaría con anotaciones:

```
@Entity
public class Port {

    @Id
    @GeneratedValue(generator = "gen")
    @GenericGenerator(name = "gen", strategy = "foreign",
parameters =
    @Parameter(name = "property", value = "service"))
    private Long id;
    private Integer number;
    private String type;


    @OneToOne(cascade = { CascadeType.PERSIST, CascadeType.
REMOVE })
    @PrimaryKeyJoinColumn
    private Service service;
```

No se debe olvidar colocar en el archivo de configuración de Hibernate estas clases:

```
<mapping class="org.sistema.hibernate.
onetooneunidirannotations.models.Port" />
<mapping class="org.sistema.hibernate.
onetooneunidirannotations.models.Service" />
```

Una vez más usamos una clase *Main* con su método *main* para probarlo todo. Dado que solo hemos cambiado la manera de decirle a Hibernate cómo debe persistir nuestras entidades, el resto del código de la aplicación debería permanecer inalterado ante este cambio. Así pues, borra en la base de datos MySQL las tablas que tengas para dejar el esquema limpio, ejecuta la aplicación y comprueba que el resultado obtenido es el mismo que antes.

El comportamiento por defecto en las relaciones 1:1 con anotaciones es generar una clave foránea. En caso de que quisiéramos mapear esta relación mediante una tabla intermedia, tendríamos que hacer uso de la anotación *@JoinTable*, creando la clase *Port* de la siguiente forma:

```
@Entity
public class Port {
  @Id
  @GeneratedValue(strategy = GenerationType.IDENTITY)
  @Column(name="port_id")
  private Long id;
  private Integer number;
  private String type;

  @OneToOne(cascade = { CascadeType.PERSIST, CascadeType.REMOVE })
  @JoinTable(name="port_address", joinColumns=@JoinColumn(name="port_id"))
  private Service service;
  /**
   * constructor, getters/setters, toString(),…
   */
}
```

### 3.2.2 Bidireccional

En una relación bidireccional uno a uno, ambas entidades tienen una referencia a la otra y, por lo tanto, son conscientes de la relación.

A la hora de crear la relación respecto a la unidireccional no hay grandes cambios. Lo único que varía es que en este caso ambos lados de la relación son conscientes de la misma.

### 3.2.2.1 RELACIONES 1:1 BIDIRECCIONALES CON FICHEROS XML DE MAPEO

Veamos el ejemplo. Para esto usaremos una vez más la relación entre *Service* y *Port*:

```
public class Service {

    private Long id;
    private String name;
    private String path;
    private Port port;
    /**
     * constructor, getters/setters, toString(),…
     */
}
```

Vemos que la clase *Service* tiene una referencia a un objeto de tipo *Port* y en consecuencia conoce la relación y puede acceder a la información de la otra entidad. Ahora veamos cómo queda la clase *Port*:

```
public class Port {

    private Long id;
    private Integer number;
    private String type;
    private Service service;
    /**
     * constructor, getters/setters, toString(),…
     */
}
```

La entidad puerto también es consciente de su relación con la entidad servicio y por tanto tiene una referencia a esa entidad. El mapeo uno a uno bidireccional no difiere mucho respecto al unidireccional. Creamos un nuevo documento XML llamado *Port.hbm.xml* con el siguiente aspecto:

```
<?xml version="1.0" encoding="UTF-8"?>
<!DOCTYPE hibernate-mapping PUBLIC
    "-//Hibernate/Hibernate Mapping DTD 3.0//EN"
    "http://hibernate.sourceforge.net/hibernate-mapping-3.0.dtd">
<hibernate-mapping package="org.sistema.hibernate.onetoonebidirxml.models">
```

```xml
<class name="Port" table="port">
    <id name="id" column="id">
        <generator class="identity" />
    </id>
    <property name="number" />
    <property name="type" />
    <one-to-one name="service" cascade="all" />
</class>
</hibernate-mapping>
```

Y este sería el mapeo para la clase *Service*:

```xml
<?xml version="1.0" encoding="UTF-8"?>
<!DOCTYPE hibernate-mapping PUBLIC
    "-//Hibernate/Hibernate Mapping DTD 3.0//EN"
    "http://hibernate.sourceforge.net/hibernate-mapping-3.0.dtd">
<hibernate-mapping package="org.sistema.hibernate.onetoonebidirxml.models">
<class name="Service" table="service">
    <id name="id" column="id">
        <generator class="foreign">
            <param name="property">port</param>
        </generator>
    </id>
    <property name="name" />
    <property name="path" />
    <one-to-one name="port" constrained="true" />
</class>
</hibernate-mapping>
```

Una vez más vemos cómo usamos el atributo *class="foreign"* a la hora de poner el ID de la entidad servicio para que sea el mismo que el puerto al que está asociado. Aquí estamos haciendo una suposición para que eso funcione: no puede existir un servicio si antes no existe el puerto que lo utilice. O sea, que la entidad *Port* debe ser guardada en la base de datos antes, o al menos al mismo tiempo, que la entidad *Service*.

En esta ocasión en el elemento *<one-to-one>* aparece el atributo *constrained*. Este atributo provoca que no podamos guardar un servicio si no existe su puerto correspondiente. No tendría sentido un servicio sin puerto, o hacer referencia a un puerto inexistente.

La clase *Main* pone a prueba la relación:

```java
package org.sistema.hibernate.onetoonebidirxml;

import org.sistema.hibernate.onetoonebidirxml.dao.PortDAO;
import org.sistema.hibernate.onetoonebidirxml.dao.ServiceDAO;
import org.sistema.hibernate.onetoonebidirxml.models.Port;
import org.sistema.hibernate.onetoonebidirxml.models.Service;

/**
 * Main class to try some operations
 * @author Eugenia Pérez
 * @email eugenia_perez@cuatrovientos.org
 */
public class Main {

    public static void main(String[] args) {
        Port port1 = new Port();
        port1.setNumber(80);
        port1.setType("tcp");
        Port port2 = new Port();
        port2.setNumber(3306);
        port2.setType("tcp");
        Service service1 = new Service();
        service1.setName("Apache Web Server");
        service1.setPath("/usr/bin/apache2");

        Service service2 = new Service();
        service2.setName("MySQL");
        service2.setPath("/usr/bin/mysql");
        port1.setService(service1);
        port2.setService(service2);
        service1.setPort(port1);
        service2.setPort(port2);

        Service service3 = new Service();
        service3.setName("SQLServer");
        service3.setPath("c:\\Program Files\\SQLServer\\sqls.exe");

        PortDAO portDAO = new PortDAO();
        ServiceDAO serviceDAO = new ServiceDAO();

        // Se almacena el primer servicio
        serviceDAO.insert(service1);
```

```
        // Se almacenan los otros dos puertos que tienen servicios
        // asociados, por lo tanto, los servicios se almacenan
        // en cascada.
        serviceDAO.insert(service2);
        serviceDAO.insert(service3);

        // Finalmente se elimina el puerto 1, luego el servicio
        // será borrado en cascada.
        serviceDAO.delete(service1);
    }
}
```

Esta vez tenemos que asociar ambos lados de la relación, es decir, la instancia de servicio y de puerto entre sí:

```
port1.setService(service1);
port2.setService(service2);
service1.setPort(port1);
service2.setPort(port2);
```

Otra forma algo más elegante podría ser llamando al método *setPort* del objeto *Service* al momento de establecer el servicio del puerto, o sea, el método *setService* de la clase *Port* quedaría así:

```
/**
 * @param service the service to set
 */
public void setService(Service service) {
    this.service = service;
    service.setPort(this);
}
```

Así solo tendremos que hacer:

```
port1.setService(service1);
port2.setService(service2);
```

Esto es lo que obtendríamos con las operaciones realizadas por Hibernate. Según el código de la clase *Main*, debemos haber guardado 3 servicios y 2 puertos y, posteriormente, haber eliminado un servicio (y por lo tanto un puerto), y quedarnos con 2 servicios y 1 puerto. Vemos qué es lo que tenemos en la base de datos:

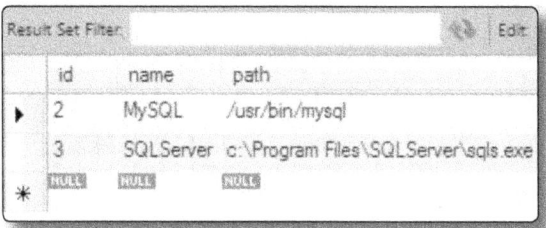

**Figura 3.3.** Servicios almacenados en la tabla

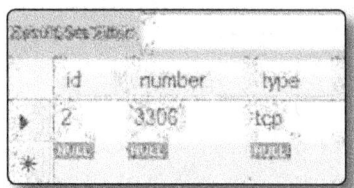

**Figura 3.4.** Puertos almacenados en la tabla

## 3.2.2.2 RELACIONES 1:1 BIDIRECCIONALES CON ANOTACIONES

En este caso las anotaciones que se utilizan no varían mucho de las ya utilizadas. Así quedaría la clase *Service*:

```
@Entity
public class Service {
   // DE ESTA FORMA UTILIZO LA MISMA ESTRATEGIA DE ID QUE CON LOS XML
   @Id
   @GeneratedValue(generator = "gen")
   @GenericGenerator(name = "gen", strategy = "foreign",
parameters =
   @Parameter(name = "property", value = "port"))
   private Long id;
   private String name;
   private String path;

   @OneToOne(cascade = { CascadeType.ALL })
   @PrimaryKeyJoinColumn
   private Port port = new Port();
   /**
    * constructor, getters/setters, toString(),…
    */
}
```

Una vez más debemos aplicar la anotación *@oneToOne*, de la misma forma que en el caso de las relaciones unidireccionales.

La clase *Port* queda así:

```
@Entity
public class Port {

    @Id
    @GeneratedValue(strategy = GenerationType.IDENTITY)
    private Long id;
    private Integer number;
    private String type;

    @OneToOne
    private Service service;

    /**
     * constructor, getters/setters, toString(),…
     */
}
```

A continuación modifica los elementos *mapping* del archivo *hibernate.cfg.xml* y prueba que todo funciona correctamente.

```
<mapping class="org.sistema.hibernate.
onetoonebidirannotations.models.Port" />
    <mapping class="org.sistema.hibernate.
onetoonebidirannotations.models.Service" />
```

Si lanzamos la ejecución del *Main* del ejemplo anterior sobre este, tal y como lo tenemos mapeado, el resultado que obtenemos en la base de datos son dos tablas, una para *Port* y otra para *Service*, sin embargo, existe una redundancia cíclica de FK:

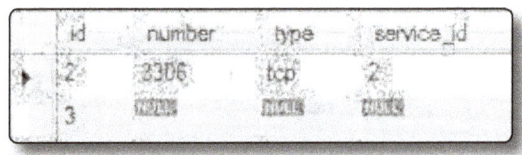

**Figura 3.5.** Problemática de redundancia cíclica de FK desde la tabla de puertos

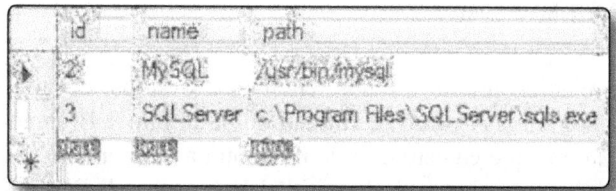

**Figura 3.6.** Problemática de redundancia cíclica de FK desde la tabla de servicios

Esto además de redundante y desnormalizado, generaría una doble actualización, inserción, etc.

Para evitar este comportamiento innecesario, así como la doble actualización, se utiliza *mappedBy*. Lo colocamos en el lado inverso al propietario de la relación. Establecemos un dueño de la relación, en nuestro ejemplo servicio. Este es además el que tendrá establecida la cascada, y modificamos la clase puerto de la siguiente forma:

```
@Entity
public class Port {

    @Id
    @GeneratedValue(strategy = GenerationType.IDENTITY)
    private Long id;
    private Integer number;
    private String type;

    @OneToOne(mappedBy="port")
    private Service service;
    /**
     * constructor, getters/setters, toString(),…
     */
}
```

Y ahora la tabla puertos se reduce a:

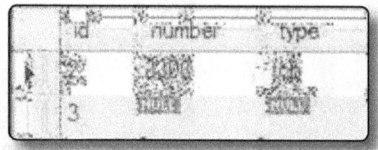

**Figura 3.7.** Puertos almacenados en la tabla tras la ejecución de la aplicación bidireccional

## 3.3 RELACIONES 1:N

En una relación uno a muchos tenemos dos lados: el lado uno y el lado muchos. Si consideramos A como la entidad del lado uno y B como la entidad del lado muchos diríamos que en este tipo de relación un elemento de la entidad A está asociado con muchos elementos de la entidad B. Si esa relación es unidireccional será la entidad A la que mantenga una referencia a varios elementos de la entidad B. Al tratarse de un conjunto de elementos, la relación se representa por una estructura tipo *List* o *Set*, y será la entidad A quien pueda acceder a los elementos de la entidad B de esa colección.

Pongamos por ejemplo la relación entre un equipo y sus jugadores. Una entidad equipo puede tener varios jugadores. En este caso, equipo representaría el lado uno de la relación y los jugadores serían el lado muchos.

En el caso de que la relación uno a muchos fuese bidireccional, también los elementos de la entidad B deberían mantener una referencia a su entidad A. Un ejemplo clásico de esta situación es la relación entre la entidad jefe y su conjunto de empleados.

Este tipo de relación se vería de forma gráfica más o menos así:

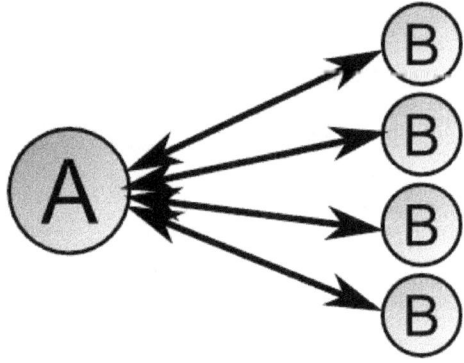

**Figura 3.8.** Representación gráfica de relación 1:N

### 3.3.1 Unidireccional

En primer lugar mostramos la clase que representa la entidad jugador (*Player*) y a continuación la que representará la entidad equipo (*Team*), con el objetivo de empezar por la relación unidireccional. La clase *Player* queda así:

```java
package org.sistema.hibernate.onetomanyunidirxml.models;

/**
 * Player class
 * @author Eugenia Pérez Martínez
 * @email eugenia_perez@cuatrovientos.org
 */
public class Player {

    private Long id;
    private String name;
    private Integer number;

    /**
     * default constructor
     */
    public Player () {
    }

    /**
     * @param id
     * @param name
     * @param number
     */
    public Player(Long id, String name, Integer number) {
        this.id = id;
        this.name = name;
        this.number = number;
    }

    /**
     * @return the id
     */
    public Long getId() {
        return id;
    }

    /**
     * @param id the id to set
     */
    public void setId(Long id) {
        this.id = id;
    }

    /**
```

```java
     * @return the name
     */
    public String getName() {
        return name;
    }

    /**
     * @param name the name to set
     */
    public void setName(String name) {
        this.name = name;
    }

    /**
     * @return the number
     */
    public Integer getNumber() {
        return number;
    }

    /**
     * @param number the number to set
     */
    public void setNumber(Integer number) {
        this.number = number;
    }

    /* (non-Javadoc)
     * @see java.lang.Object#toString()
     */
    @Override
    public String toString() {
        return "Player [id=" + id + ", name=" + name + ", number=" + number
                + "]";
    }
}
```

Es una clase POJO muy sencilla que contiene tres atributos, uno para el ID, otro para el nombre y otro para el dorsal del jugador. Al no tener ninguna referencia a la entidad equipo, la entidad jugador es totalmente ajena a esa relación.

Este sería el aspecto de la clase *Team*:

```java
package org.sistema.hibernate.onetomanyunidirxml.models;

import java.util.ArrayList;
import java.util.List;

/**
 * Team class.
 * @author Eugenia Pérez Martínez
 * @email eugenia_perez@cuatrovientos.org
 */
public class Team {
   private Long id;
   private String name;
   private List<Player> players = new ArrayList<Player>();

   /**
    * default constructor
    */
   public Team () {
   }

   /**
    * @param id
    * @param name
    * @param players
    */
   public Team(Long id, String name, List<Player> players) {
      this.id = id;
      this.name = name;
      this.players = players;
   }

   /**
    * Adds player to team
    * @param player
    */
   public void addPlayer (Player player) {
      players.add(player);
   }

   /**
    * @return the id
    */
   public Long getId() {
      return id;
   }
```

```java
/**
 * @param id the id to set
 */
public void setId(Long id) {
    this.id = id;
}

/**
 * @return the name
 */
public String getName() {
    return name;
}

/**
 * @param name the name to set
 */
public void setName(String name) {
    this.name = name;
}

/**
 * @return the players
 */
public List<Player> getPlayers() {
    return players;
}

/**
 * @param players the players to set
 */
public void setPlayers(List<Player> players) {
    this.players = players;
}

/* (non-Javadoc)
 * @see java.lang.Object#toString()
 */
@Override
public String toString() {
    return "Team [id=" + id + ", name=" + name + ", players=" + players
            + "]";
}
}
```

En este caso sí que hay una referencia a otra entidad, en concreto a un conjunto de jugadores. Esa colección se implementa mediante un *ArrayList* con el que la clase *Player* puede acceder a los datos de los jugadores. Como se puede observar, el *ArrayList* se deja instanciado para evitar excepciones de tipo *NullPointerException*.

Hemos agregado además de los *setters* y los *getters* para la lista de jugadores un método auxiliar llamado *addPlayer* que permite agregar un jugador a la lista.

Ahora veremos cómo indicarle a Hibernate que existen estas relaciones, primero usando archivos de mapeo y después usando anotaciones.

### 3.3.1.1 RELACIONES 1:N CON ARCHIVOS DE MAPEO

Creamos un archivo *Player.hbml.xml* con el siguiente contenido:

```xml
<?xml version="1.0" encoding="UTF-8"?>
<!DOCTYPE hibernate-mapping PUBLIC
    "-//Hibernate/Hibernate Mapping DTD 3.0//EN"
    "http://hibernate.sourceforge.net/hibernate-mapping-3.0.dtd">
<hibernate-mapping package="org.sistema.hibernate.onetomanyunidirxml.models">
   <class name="Player" table="player">
      <id name="id">
         <generator class="identity" />
      </id>
      <property name="name" />
      <property name="number" />
   </class>
</hibernate-mapping>
```

Ahora crearemos el mapeo para la clase *Team*, llamado *Team.hbm.xml*:

```xml
<?xml version="1.0" encoding="UTF-8"?>
<!DOCTYPE hibernate-mapping PUBLIC
    "-//Hibernate/Hibernate Mapping DTD 3.0//EN"
    "http://hibernate.sourceforge.net/hibernate-mapping-3.0.dtd">
<hibernate-mapping package="org.sistema.hibernate.onetomanyunidirxml.models">
   <class name="Team" table="team">
      <id name="id" column="id_team">
         <generator class="identity" />
      </id>
      <property name="name" />
      <list name="players" cascade="all">
```

```
            <key column="id_team" />
            <index column="player_order" />
            <one-to-many class="Player" />
        </list>
    </class>
</hibernate-mapping>
```

Al elemento ID se le establece el atributo *column*, que hace referencia a la columna de la tabla que se utilizará para representar la relación. Esta se convertirá en una clave foránea para la otra entidad.

El tipo de colección utilizado en la relación puede variar en función de las necesidades o del tipo de conjunto que se aplique en cada caso. En esta configuración podemos indicar *list*, *set*, *array*, *map*, *primitive-array* e incluso existe un tipo llamado *bag*. Todos ellos tienen sus equivalentes en las colecciones Java.

Cada tipo de colección se mapea de forma un poco diferente, y en este caso veremos cómo mapear una lista con el elemento *<list>*. En este elemento indicamos cuál es el nombre del atributo, dentro de la clase *Team*, que representa el vínculo. El atributo para indicar la colección de jugadores se llama *players*. A su vez debemos indicar qué operaciones queremos que se realicen en cascada cuando se produzcan cambios en la entidad equipo. Para esta ocasión queremos que las acciones de actualización, guardado y eliminación que se hagan a la entidad equipo se apliquen en cascada a las entidades jugador. Como son todas las operaciones principales, aplicamos el valor *all*.

En este tipo de vínculos uno a muchos hay dos tipos de cascada específicos llamados *delete-orphan* y *all-delete-orphan* cuyas peculiaridades son estas:

- ▼ *delete-orphan*: si un elemento es borrado de una colección, no solo se producirá la desvinculación entre ese elemento y su padre, sino que además será borrado de la base de datos. Es decir, si tenemos una clase Casa con una lista de Habitaciones, y de esa lista borramos una habitación, no solo se producirá la desvinculación de esa habitación a la casa, sino que se borrará la habitación de la base de datos, al haberse quedado huérfana (sin casa).

- ▼ *delete*: si se borra el elemento uno de la relación uno a muchos, todos los elementos dependientes también serán eliminados.

- ▼ *all-delete-orphan*: debido al *all* todas las cascadas existentes se aplican, y adicionalmente la de *delete-orphan*.

A continuación debemos indicar el campo que se utilizará como clave foránea para relacionar la entidad equipo con el conjunto de jugadores. En consecuencia, en la tabla que se generará para gestionar las entidades persona se tendrá que crear un campo con una clave foránea que lo relacione con el identificador de equipo correspondiente, que en este caso será *idteam*. Debemos especificar el nombre de la columna para que no quede en manos de Hibernate la forma de llamarla. Si fuera Hibernate quien se encargase del nombre utilizaría el mismo nombre de la clave primaria de equipo para la clave extranjera (ID), pudiendo dar lugar a errores según la nomenclatura que se utilice.

Respecto a los tipos de colecciones, las listas tienen la peculiaridad de seguir un orden que tiene su importancia; de hecho se utiliza un índice para controlar el orden de los elementos del conjunto y poder saber por ejemplo el orden en que entraron. En el momento en que vayamos a guardar los datos del conjunto procuraremos hacerlo en el mismo orden en el que fueron leídos. Por eso se utiliza una columna aparte en la tabla que se genera para poder gestionar ese índice. Mediante el elemento *index* podemos especificar el nombre de esa columna, a través del atributo *column*. Para finalizar, hay que especificar el tipo de relación que está soportando el vínculo, y siendo una relación uno a muchos usamos el elemento correspondiente *one-to-many*.

Ahora colocaremos el siguiente código como nuestro método *main*:

```
package org.sistema.hibernate.onetomanyunidirxml;

import org.sistema.hibernate.onetomanyunidirxml.dao.TeamDAO;
import org.sistema.hibernate.onetomanyunidirxml.models.
Player;
import org.sistema.hibernate.onetomanyunidirxml.models.Team;

/**
 * Main class to try some operations
 * @author Eugenia Pérez
 * @email eugenia_perez@cuatrovientos.org
 */
public class Main {

    public static void main(String[] args) {
        /* Primero creamos una equipo y la asociamos con dos jugadores */
        Player player1 = new Player();
        player1.setName("Cervero");
        player1.setNumber(14);
        Player player2 = new Player();
        player2.setName("Esteban");
```

```
            player2.setNumber(1);
            Team team1 = new Team();
            team1.setName("Real Oviedo");
            team1.addPlayer(player1);
            team1.addPlayer(player2);
            /*
             * Creamos un segundo equipo, que será eliminado, y lo
             * asociamos con otros dos jugadores
             */
            Player player3 = new Player();
            player3.setName("Oier");
            player3.setNumber(8);
            Player player4 = new Player();
            player4.setName("Torres");
            player4.setNumber(21);
            Team team2 = new Team();
            team2.setName("C.A. Osasuna");
            team2.addPlayer(player3);
            team2.addPlayer(player4);
            /*
             * Guardamos los dos equipos (los jugadores
             * correspondientes serán guardados en cascada)
             */
            TeamDAO teamDAO = new TeamDAO();
            teamDAO.insert(team1);
            teamDAO.insert(team2);

            /*
             * Eliminamos el team1 (los dos primeros jugadores
             * serán borrados en cascada)
             */
            teamDAO.delete(team1);
        }
    }
```

Como se puede apreciar en el código, en la base de datos se almacenaría finalmente una entidad Equipo, en concreto la segunda que se guarda (C.A. Osasuna) con los dos jugadores que se le asignaron. Veamos si es así:

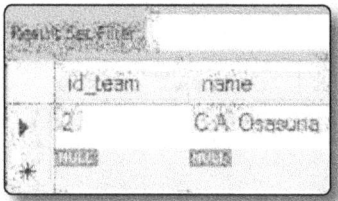

**Figura 3.9.** Equipos almacenados en la tabla

**Figura 3.10.** Libros almacenados en la tabla

Como se puede ver, ese es efectivamente el resultado. Ahora veamos cómo hacer lo mismo pero usando anotaciones.

### 3.3.1.2 RELACIONES 1:N CON ANOTACIONES

Las anotaciones quedan de la siguiente forma. La clase *Player*:

```
@Entity
public class Player {

   @Id
   @GeneratedValue(strategy = GenerationType.IDENTITY)
   private Long id;
   private String name;
   private Integer number;

   /**
    * constructor, getters/setters, toString(),…
    */
}
```

Y esta es la de la clase *Team*:

```
@Entity
public class Team {
  @Id
  @GeneratedValue(strategy = GenerationType.IDENTITY)
  private Long id;
  private String name;

  @OneToMany(cascade = CascadeType.ALL, fetch = FetchType.EAGER)
  private List<Player> players = new ArrayList<Player>();
  /**
   * constructor, getters/setters, toString(),…
   */
}
```

En este caso la relación la especificamos con la anotación *@OneToMany* y la ponemos concretamente en el atributo que almacena la colección de jugadores. En nuestro ejemplo además es la entidad equipo la que maneja la relación y quien es consciente de la misma.

Tal y como se hizo en la relación uno a uno aquí también debemos especificar qué operaciones haremos en cascada. Aparte de eso también podemos indicar la manera en que recuperaremos los datos de la BD, esto es, el tipo de *fetch*. Existen dos maneras de recuperar los datos: recuperar todos de golpe (*EAGER*) o hacerlo en diferido (*LAZY*). Cuando la estrategia es *EAGER* y se recuperan datos de un equipo, a su vez se recuperarán los datos de sus jugadores, se usen o no. En cambio si la estrategia es *LAZY*, en el momento de obtener el equipo no se recuperarán las entidades relacionadas (las entidades jugador) a menos que se vayan a usar y siempre dentro de una transacción.

Ahora ya tenemos el vínculo uno a muchos creado con la entidad equipo como dueña de la relación y una colección de la entidad jugadores como entidad inversa.

Utiliza el mismo código para la clase *Main* y ejecuta la aplicación. Comprueba que el estado de la base de datos es el mismo que en el ejemplo anterior.

En el ejemplo anterior se utiliza una estrategia basada en crear una tabla intermedia para relacionar las dos entidades. No obstante, una relación 1:N también se puede modelar sin esa tabla intermedia, de modo que el lado del muchos tenga una clave foránea al lado del 1. Así, la tabla de jugadores tendría una columna *id_team*. Para ello, con anotaciones deberíamos añadir al *@oneToMany* la anotación *@JoinColumn*.

```
@Entity
public class Team {
   @Id
   @GeneratedValue(strategy = GenerationType.IDENTITY)
@Column(name = "id_team")
   private Long id;
   private String name;

   @OneToMany(cascade = CascadeType.ALL, fetch = FetchType.EAGER)
// Nombre de la FK que se generará en la tabla de Player
   @JoinColumn(name = "id_team")
   private List<Player> players = new ArrayList<Player>();
   /**
    * constructor, getters/setters, toString(),…
    */
}
```

## 3.3.2 Bidireccional

Los vínculos bidireccionales son similares a los unidireccionales, con la diferencia de que el lado inverso de la relación también sabe de esta, por lo que tiene una referencia al dueño. Así, en el otro lado tendremos una relación N:1, con lo que de paso veremos cómo implementar este tipo de vínculos en Hibernate.

Usaremos un ejemplo para mostrar este tipo de vínculo de forma clara. Una vez más partiremos de la configuración mediante archivos de mapeo XML y seguidamente lo haremos metiendo anotaciones en las clases.

### 3.3.2.1 RELACIONES 1:N CON ARCHIVOS DE MAPEO

Para conseguir una relación bidireccional modificaremos la clase *Player* que representa la entidad jugador, agregando una referencia al equipo con sus correspondientes métodos *getter/setter*:

```
package org.sistema.hibernate.onetomanybidirxml.models;

/**
 * Player class
 * @author Eugenia Pérez Martínez
 * @email eugenia_perez@cuatrovientos.org
 */
public class Player {
```

```
    private Long id;
    private String name;
    private Integer number;
    private Team team;
/**
    * constructor, getters/setters, toString(),…
    */
}
```

La clase *Team* en este caso queda igual.

El mapeo de la entidad jugador es el que cambia un poco ya que necesitamos especificar que la relación es bidireccional y qué jugador es consciente de tener un equipo (*Team*). Primero veamos cómo quedaría el archivo de mapeo del equipo (*Team.hbm.xml*):

```
<?xml version="1.0" encoding="UTF-8"?>
<!DOCTYPE hibernate-mapping PUBLIC
    "-//Hibernate/Hibernate Mapping DTD 3.0//EN"
    "http://hibernate.sourceforge.net/hibernate-mapping-3.0.dtd">
<hibernate-mapping package="org.sistema.hibernate.onetomanybidirxml.models">
    <class name="Team" table="team">
        <id name="id" column="id_team">
            <generator class="identity" />
        </id>
        <property name="name" />
        <list name="players" cascade="all">
            <key column="id_team" />
            <index column="player_order" />
            <one-to-many class="Player" />
        </list>
    </class>
</hibernate-mapping>
```

Así como en la relación de equipo a jugador aplicamos el elemento *one-to-many* para indicar que un equipo tiene varios jugadores, de jugadores a equipo usamos el elemento *many-to-one*, con lo que obviamente indicamos que muchos jugadores pertenecen a un equipo.

Es en esta etiqueta donde debemos indicar el nombre del elemento que representa la relación en la entidad, que en este caso es equipo, y el nombre de la columna donde se almacena el identificador del equipo (*id_team*). Por tanto el elemento quedaría como sigue:

```xml
<many-to-one name="team" column="id_team" />
```

Y al final el archivo *Player.hbm.xml* completo queda así:

```xml
<?xml version="1.0" encoding="UTF-8"?>
<!DOCTYPE hibernate-mapping PUBLIC
    "-//Hibernate/Hibernate Mapping DTD 3.0//EN"
    "http://hibernate.sourceforge.net/hibernate-mapping-3.0.dtd">
<hibernate-mapping package="org.sistema.hibernate.onetomanybidirxml.models">
   <class name="Player" table="player">
      <id name="id">
         <generator class="identity" />
      </id>
      <property name="name" />
      <property name="number" />
      <!-- Mientras que en las anotaciones las relaciones
        many-to-one se marcan a EAGER por defecto,
        con XML estas son LAZY. Esto quiere decir que si recupero
        un jugador y accedo al equipo que tiene asociado fuera
        de la sesión, se lanzará una excepción. Si esto ocurre deberé
        añadir el atributo lazy=false, en la etiqueta de abajo: -->
      <many-to-one name="team" column="id_team" />
   </class>
</hibernate-mapping>
```

Y eso es todo. Probémoslo con un código similar al del ejemplo anterior pero que en la parte final utiliza la nueva propiedad para asignar un jugador a un equipo distinto del inicialmente asignado:

```java
package org.sistema.hibernate.onetomanybidirxml;

import org.sistema.hibernate.onetomanybidirxml.dao.PlayerDAO;
import org.sistema.hibernate.onetomanybidirxml.dao.TeamDAO;
import org.sistema.hibernate.onetomanybidirxml.models.Player;
import org.sistema.hibernate.onetomanybidirxml.models.Team;

/**
 * Main class to try some operations
 * @author Eugenia Pérez
```

```
 * @email eugenia_perez@cuatrovientos.org
 */
public class Main {

    public static void main(String[] args) {
        /* Primero creamos una equipo y la asociamos con dos jugadores */
        Player player1 = new Player();
        player1.setName("Cervero");
        Player player2 = new Player();
        player2.setName("Esteban");
        Team team1 = new Team();
        team1.setName("Real Oviedo");
        team1.addPlayer(player1);
        team1.addPlayer(player2);

        /*
         * Creamos un segundo equipo, que será eliminado, y lo
         * asociamos con otros dos jugadores
         */
        Player player3 = new Player();
        player3.setName("Oier");
        Player player4 = new Player();
        player4.setName("Torres");
        Team team2 = new Team();
        team2.setName("C.A. Osasuna");
        team2.addPlayer(player3);
        team2.addPlayer(player4);

        /*
         * Guardamos los dos equipos (los jugadores
         * correspondientes serán guardados en cascada)
         */
        TeamDAO teamDAO = new TeamDAO();
        teamDAO.insert(team1);
        teamDAO.insert(team2);

        /*
         * En la segunda sesión eliminamos la person1 (los dos
         * primeros jugadores serán borrados en cascada) y
         * agregamos un nuevo equipo con vínculo a un jugador
         * previamente de otro equipo.
         */
        teamDAO.delete(team1);
        Team team3 = new Team();
        team3.setName("Sporting");
```

```
            teamDAO.insert(team3);
            player3.setTeam(team3);
            PlayerDAO playerDAO = new PlayerDAO();
            playerDAO.update(player3);
        }
    }
```

Ahora comprobemos que en la base de datos quedan dos jugadores cada uno con un equipo:

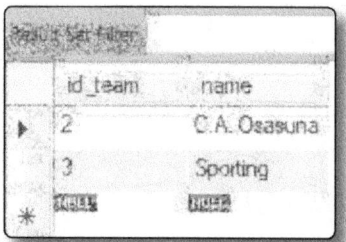

**Figura 3.11.** Personas almacenadas en la tabla

**Figura 3.12.** Libros almacenados en la tabla

### 3.3.2.2 RELACIONES 1:N BIDIRECCIONALES CON ANOTACIONES

En el capítulo anterior conseguíamos crear una relación bidireccional añadiendo un atributo en la clase *Player* que represente la clase *Team*.

Igual que hacemos en los archivos de mapeo, ahora debemos usar una anotación *@ManyToOne* en el atributo *team* de la clase *Player* para indicar que muchos jugadores pertenecen a un único equipo.

La anotación *@ManyToOne* difiere ligeramente de la *@OneToOne* vista antes. Ahora es crucial determinar qué entidad es la que manda en la relación ya que eso determinará de qué manera se encarga Hibernate de modificar los datos en la BD.

Por regla general, cuando manejamos relaciones bidireccionales mediante anotaciones el dueño de la relación siempre es el lado *Many* o muchos, así que en este caso sería la entidad Jugador. Para indicar en el otro lado el nombre que lo referencia en la entidad dueña usaremos el elemento *mappedBy*.

Nos basamos una vez más en nuestro ejemplo para ver esta configuración en funcionamiento.

Así quedaría la clase *Team*:

```java
package org.sistema.hibernate.onetomanybidirannotations.models;

import java.util.ArrayList;
import java.util.List;

import javax.persistence.CascadeType;
import javax.persistence.Entity;
import javax.persistence.FetchType;
import javax.persistence.GeneratedValue;
import javax.persistence.GenerationType;
import javax.persistence.Id;
import javax.persistence.JoinColumn;
import javax.persistence.OneToMany;

/**
 * Team class.
 * @author Eugenia Pérez Martínez
 * @email eugenia_perez@cuatrovientos.org
 */
@Entity
public class Team {
    @Id
    @GeneratedValue(strategy = GenerationType.IDENTITY)
    private Long id;
    private String name;
    @OneToMany(cascade = CascadeType.ALL,
        fetch = FetchType.EAGER,
        mappedBy = "team", orphanRemoval = true)
    private List<Player> players = new ArrayList<Player>();
```

```
    /**
     * constructor, addPlayer(), getters/setters, toString(),...
     */
}
```

Presta especial atención a la opción *orphanRemoval = true*. Esto es necesario para que al borrar los equipos se borren sus jugadores de manera automática. Mediante ficheros de mapeo esto lo podíamos especificar directamente en la opción de cascada mediante *all-delete-orphan*. Con anotaciones hace falta especificarlo por separado.

Ahora cambiamos la clase *Player* para agregar el atributo de tipo *Team* que representará la relación.

```
package org.sistema.hibernate.onetomanybidirannotations.
models;

import javax.persistence.Entity;
import javax.persistence.GeneratedValue;
import javax.persistence.GenerationType;
import javax.persistence.Id;
import javax.persistence.ManyToOne;

/**
 * Player class
 * @author Eugenia Pérez Martínez
 * @email eugenia_perez@cuatrovientos.org
 */
@Entity
public class Player {

    @Id
    @GeneratedValue(strategy = GenerationType.IDENTITY)
    private Long id;
    private String name;
    private Integer number;

    @ManyToOne
    private Team team;

    /**
     * constructor, getters/setters, toString(),...
     */
}
```

Probemos que todo funciona correctamente usando el código de la clase *Main* modificado en esta misma sección para la prueba con archivos de mapeo.

Probablemente obtengas este resultado:

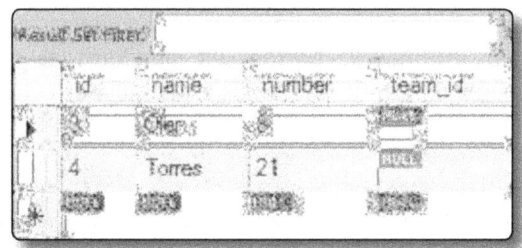

**Figura 3.13.** Anomalías en las vinculaciones entre entidades

Es decir, en la tabla jugadores, la columna que representa la FK a la tabla *team* aparece a *null*. Esto es porque ahora necesitamos hacer específicamente un *setTeam* desde el objeto *player*, para que en ese lado la vinculación se haga efectiva también. La manera más limpia de solucionar esto es modificando de la siguiente manera el método *addPlayer* de la clase *Team*:

```
public void addPlayer(Player player) {
   this.players.add(player);
   player.setTeam(this);
}
```

Vuelve a ejecutar ahora la aplicación tras limpiar la base de datos. Asegúrate de que el resultado ahora es correcto.

## 3.4 RELACIONES N:M

Con frecuencia tenemos la necesidad de relacionar un conjunto de entidades con otro conjunto de entidades distintas. Esto es frecuente siempre que hay bases de datos relacionales implicadas en el desarrollo, y por tanto merece la pena ver cómo llevar a cabo estas relaciones.

Por lo general en la base de datos se utiliza una clave foránea para identificar el registro de otra tabla, tal y como se ve aquí:

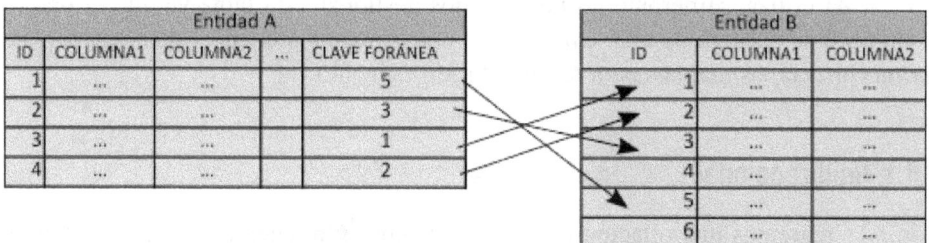

**Figura 3.14.** Representación gráfica de relaciones 1:N mediante claves FK

En este caso al tratarse de una relación de varias entidades de un tipo con varias entidades de otro no nos basta con una clave foránea en una de las tablas, ya que un registro con un ID de una de las entidades puede estar relacionado con varios ID de la otra entidad. Eso sería así si fuera una relación uno a muchos. Pero en este caso puede que un registro de la otra entidad también esté vinculado a varios registros de la primera entidad tal y como se ve a continuación:

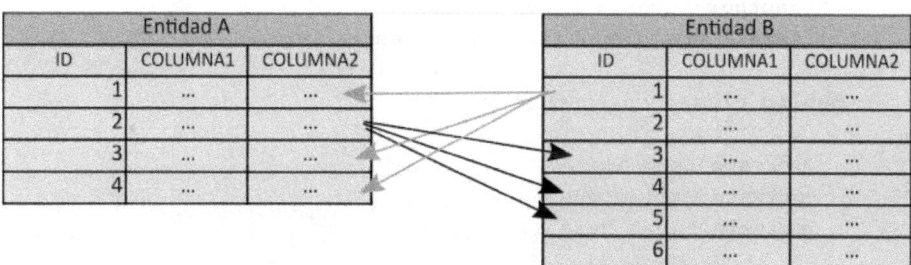

**Figura 3.15.** Problema que se plantea con las relaciones n:m

Esto no puede ser logrado utilizando simplemente claves foráneas en las tablas de las dos entidades. Para este tipo de situaciones se usa una tercera tabla que se suele llamar o bien tabla de *join* o de unión o tabla de enlace.

El propósito de esta tabla intermedia es establecer las relaciones entre las entidades de ambas tablas que están relacionadas. Para mantener esa relación no se necesita más que los identificadores de las dos tablas como claves foráneas, y con eso se mantiene la tabla:

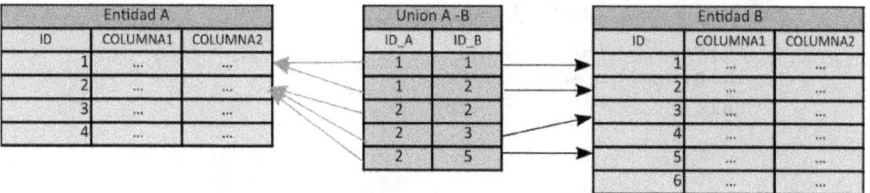

**Figura 3.16.** Representación gráfica de las relaciones N:M mediante tabla de join

Al utilizar Hibernate no necesitamos gestionar esta tabla ya que el propio *framework* se encarga de ella. Únicamente nos debemos preocupar de establecer de forma correcta los mapeos para representar este vínculo.

### 3.4.1 Unidireccional

Crearemos una relación muchos a muchos entre cuenta corriente y cliente, ya que un cliente puede tener más de una cuenta corriente y una cuenta corriente puede tener a su vez varios clientes asignados. En primer lugar mostramos la clase *BankAccount* que representa la entidad cuenta corriente. Esta clase solo contendrá los atributos ID, número y depósito. La clase queda así:

```
package org.sistema.hibernate.manytomanyunidirxml.models;

/**
 * BankAccount class.
 * @author Eugenia Pérez Martínez
 * @email eugenia_perez@cuatrovientos.org
 */
public class BankAccount {

    private Long id;
    private String number;
    private Float deposit;

    /**
     * default constructor
     */
    public BankAccount () {
    }

    /**
     * @param id
     * @param number
     * @param deposit
     */
    public BankAccount(Long id, String number, Float deposit) {
        this.id = id;
        this.number = number;
        this.deposit = deposit;
    }
```

```java
/**
 * @return the id
 */
public Long getId() {
   return id;
}

/**
 * @param id the id to set
 */
public void setId(Long id) {
   this.id = id;
}

/**
 * @return the number
 */
public String getNumber() {
   return number;
}

/**
 * @param number the number to set
 */
public void setNumber(String number) {
   this.number = number;
}

/**
 * @return the deposit
 */
public Float getDeposit() {
   return deposit;
}

/**
 * @param deposit the deposit to set
 */
public void setDeposit(Float deposit) {
   this.deposit = deposit;
}

/* (non-Javadoc)
 * @see java.lang.Object#toString()
 */
```

```java
    @Override
    public String toString() {
       return "BankAccount [id=" + id + ", number=" + number +
", deposit="
             + deposit + "]";
    }
}
```

La cuenta corriente no tiene referencia alguna a la clase *Customer*, por lo que no sabe que existe una relación entre ellas. La clase *Customer* será la dueña de la relación, así que contendrá, además de sus atributos básicos (ID, nombre y dirección), una lista de referencias a cuenta corriente. La clase *Customer* queda de esta forma:

```java
package org.sistema.hibernate.manytomanyunidirxml.models;

import java.util.ArrayList;
import java.util.List;

/**
 * Customer class, owning more than one bank account
 * @author Eugenia Pérez Martínez
 * @email eugenia_perez@cuatrovientos.org
 */
public class Customer {
    private Long id;
    private String name;
    private String address;
    private List<BankAccount> bankAccounts = new
ArrayList<BankAccount>();

    /**
     * default constructor
     */
    public Customer () {
    }

    /**
     * @param id
     * @param name
     * @param address
     * @param bankAccounts
     */
    public Customer(Long id, String name, String address,
```

```java
      List<BankAccount> bankAccounts) {
   this.id = id;
   this.name = name;
   this.address = address;
   this.bankAccounts = bankAccounts;
}

/**
 * adds new bank account to be owned by customer
 * @param bankAccount
 */
public void addAccount(BankAccount bankAccount) {
   bankAccounts.add(bankAccount);
}

/**
 * @return the id
 */
public Long getId() {
   return id;
}
/**
 * @param id the id to set
 */
public void setId(Long id) {
   this.id = id;
}
/**
 * @return the name
 */
public String getName() {
   return name;
}
/**
 * @param name the name to set
 */
public void setName(String name) {
   this.name = name;
}
/**
 * @return the address
 */
public String getAddress() {
   return address;
}
```

```java
/**
 * @param address the address to set
 */
public void setAddress(String address) {
   this.address = address;
}
/**
 * @return the bankAccounts
 */
public List<BankAccount> getBankAccounts() {
   return bankAccounts;
}
/**
 * @param bankAccounts the bankAccounts to set
 */
public void setBankAccounts(List<BankAccount> bankAccounts) {
   this.bankAccounts = bankAccounts;
}
/* (non-Javadoc)
 * @see java.lang.Object#toString()
 */
@Override
public String toString() {
   return "Customer [id=" + id + ", name=" + name + ", address=" + address
         + ", bankAccounts=" + bankAccounts + "]";
}
}
```

El conjunto de entidades cuenta corriente del cliente es la referencia que vamos a usar para el vínculo unidireccional muchos a muchos.

A continuación mostramos cómo configurar esta relación. En primer lugar aplicaremos la configuración con ficheros XML y después con anotaciones en las clases.

### 3.4.1.1 RELACIONES N:M UNIDIRECCIONALES CON ARCHIVOS DE MAPEO

Creamos un nuevo documento XML de nombre *BankAccount.hbm.xml*:

```
<?xml version="1.0" encoding="UTF-8"?>
<!DOCTYPE hibernate-mapping PUBLIC
    "-//Hibernate/Hibernate Mapping DTD 3.0//EN"
    "http://hibernate.sourceforge.net/hibernate-mapping-3.0.dtd">
```

```xml
<hibernate-mapping package="org.sistema.hibernate.
manytomanyunidirxml.models">
    <class name="BankAccount" table="bankaccount">
        <id name="id" column="bankaccount_id">
            <generator class="identity" />
        </id>
        <property name="number" />
        <property name="deposit" />
    </class>
</hibernate-mapping>
```

Nótese que se ha agregado el atributo *column="bankaccount_id"* del elemento *<id>*. Esto no es necesario para las relaciones unidireccionales, pero en cambio es algo crucial en las relaciones bidireccionales (si en las clases Java nombramos siempre a los identificadores con el nombre ID), y por tanto lo indicamos desde el principio.

Ahora crearemos el mapeo para la clase *Customer*:

```xml
<?xml version="1.0" encoding="UTF-8"?>
<!DOCTYPE hibernate-mapping PUBLIC
    "-//Hibernate/Hibernate Mapping DTD 3.0//EN"
    "http://hibernate.sourceforge.net/hibernate-mapping-3.0.dtd">
<hibernate-mapping package="org.sistema.hibernate.
manytomanyunidirxml.models">
    <class name="Customer" table="customer">
        <id name="id" column="customer_id">
            <generator class="identity" />
        </id>
        <property name="name" />
        <property name="address" />
        <list name="bankAccounts" table="customer_bankaccount" cascade="all">
            <key column="customer_id" />
            <list-index column="list_order" />
            <many-to-many class="BankAccount" column="bankaccount_id" />
        </list>
    </class>
</hibernate-mapping>
```

Centrémonos en el mapeo de la relación. Al igual que ocurrió cuando vimos las relaciones uno a muchos, para representar los vínculos muchos a muchos usamos el tipo de elemento más apropiado según el tipo de colección que precisemos para el caso: *list*, *set*, *map*, *array* o *primitive-array*. En esta ocasión hacemos uso de *list* y tendremos que concretar algunas opciones para ajustarlo del todo. Primero, debemos especificar el atributo dentro de la entidad cliente que representa el vínculo, que sin duda se trata del atributo *bankAccounts* (las cuentas corrientes). Seguidamente debemos establecer qué operaciones deben realizarse en cascada cuando se modifique la entidad cliente. En el ejemplo se harán en cascada todas las operaciones sobre cliente que impliquen modificación, eliminación o inserción de nuevas entidades.

A través del valor *all* todas esas operaciones también se harán por cada cuenta corriente asociada.

Al igual que ocurría en las relaciones uno a muchos disponemos de los tipos de cascada *delete-orphan* y *all-delete-orphan*, aunque solo al realizar la configuración con archivos de mapeo. Estas garantizan que si se elimina la entidad padre también las hijas serán eliminadas de la base de datos. Además, *all-delete-orphan* también implica que las operaciones de actualizar, eliminar e insertar se hagan en cascada.

Por último, en el caso de los vínculos muchos a muchos se utiliza una tabla *join* o de unión para poder gestionar aquellos objetos de la primera entidad que están relacionados con otros objetos de la otra entidad. Por tanto hay que indicar el nombre de la tabla que usaremos para este propósito, en concreto mediante el atributo *table* del elemento <*list*>.

A continuación hay que especificar el valor que se usa como clave foránea para vincular la entidad cuenta corriente con cliente. Lo que se utiliza siempre es la clave primaria de la entidad mapeada, cliente en este caso, por lo que ahí se indica el nombre de la columna que contiene ese valor que como es obvio se trata de *customer_id*.

Pero cuidado, recordemos que al estar utilizando una lista los elementos tienen un orden muy concreto que hay que preservar, así que internamente hay que usar un índice para poder mantenerlo correctamente.

En el momento de guardar esa información es imprescindible que luego cuando los vayamos a recuperar, el orden de los elementos en esa lista se mantenga, por lo que metemos una nueva columna en la tabla *join* para poder mantener ese índice que comenzará en cero. El nombre de ese campo se especifica a través del elemento *index* con el atributo *column*.

Para poder indicar relaciones muchos a muchos debemos usar el elemento *<many-to-many>* que a su vez debe ir dentro del elemento *<list>* o aquel tipo de colección que se esté utilizando para representar el conjunto. Lo único que debemos indicar en el elemento *many-to-many* es el tipo de entidad del que se compone la lista (no se puede sacar por reflexión) y qué columna es la que se utiliza para guardar el ID de esa entidad.

Este es el aspecto del mapeo:

```
<list name="bankAccounts" table="customer_bankaccount" cascade="all">
        <key column="customer_id" />
        <list-index column="list_order" />
        <many-to-many class="BankAccount" column="bankaccount_id" />
</list>
```

En una clase *Main* probaremos esta relación:

```
package org.sistema.hibernate.manytomanyunidirxml;

import org.sistema.hibernate.manytomanyunidirxml.dao.CustomerDAO;
import org.sistema.hibernate.manytomanyunidirxml.models.Customer;
import org.sistema.hibernate.manytomanyunidirxml.models.BankAccount;

/**
 * Main class to try some operations
 * @author Eugenia Pérez
 * @email eugenia_perez@cuatrovientos.org
 */
public class Main {

    public static void main(String[] args) {
        //Al primer cliente se le asignan tres cuentas
        Customer customer1 = new Customer();
        customer1.setName("Customer1");
        customer1.setAddress("c/ Mayor");
        BankAccount bankAccount1 = new BankAccount();
        bankAccount1.setNumber("11111");
        bankAccount1.setDeposit(4453.23f);
        BankAccount bankAccount2 = new BankAccount();
        bankAccount2.setNumber("22222");
        bankAccount2.setDeposit(42.00f);
        BankAccount bankAccount3 = new BankAccount();
        bankAccount3.setNumber("33333");
```

```java
            bankAccount3.setDeposit(542.760f);
            customer1.addAccount(bankAccount1);
            customer1.addAccount(bankAccount2);
            customer1.addAccount(bankAccount3);

            //Al cliente 2 le asignamos otras tres cuentas
            Customer customer2 = new Customer();
            customer2.setName("Customer2");
            customer2.setAddress("c/ Menor");
            BankAccount bankAccount4 = new BankAccount();
            bankAccount4.setNumber("44444");
            bankAccount4.setDeposit(1342323.45f);
            BankAccount bankAccount5 = new BankAccount();
            bankAccount5.setNumber("55555");
            bankAccount5.setDeposit(-54f);
            BankAccount bankAccount6 = new BankAccount();
            bankAccount6.setNumber("66666");
            bankAccount6.setDeposit(534.87f);
            customer2.addAccount(bankAccount4);
            customer2.addAccount(bankAccount5);
            customer2.addAccount(bankAccount6);

            //Se insertan los dos clientes, con sus cuentas en cascada
            CustomerDAO customerDAO = new CustomerDAO();
            customerDAO.insert(customer1);
            customerDAO.insert(customer2);

            //Se borra el último cliente
            customerDAO.delete(customer1);
    }
}
```

Ahora comprobaremos su correcto funcionamiento. A partir de lo que se deduce del código anterior solo debe estar el "Customer2" en la base de datos y sus 3 cuentas corrientes asociadas "4444", "55555" y "66666":

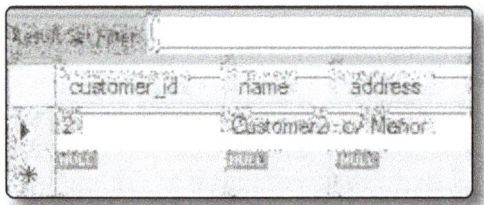

**Figura 3.17.** Clientes almacenados

| bankaccount_id | number | deposit |
|---|---|---|
| 4 | 44444 | 1342320 |
| 5 | 55555 | -54 |
| 6 | 66666 | 534.87 |
| NULL | NULL | NULL |

**Figura 3.18.** Cuentas corrientes almacenadas

| customer_id | bankaccount_id | list_order |
|---|---|---|
| 2 | 4 | 0 |
| 2 | 5 | 1 |
| 2 | 6 | 2 |
| NULL | NULL | NULL |

**Figura 3.19.** Tabla de join entre cliente y cuenta

### 3.4.1.2 RELACIONES N:M UNIDIRECCIONALES CON ANOTACIONES

Las anotaciones (así como los archivos de configuración) de ambas clases (omitiendo el atributo que indica la relación) quedan de la siguiente forma:

Esta es la clase *BankAccount*:

```
package org.sistema.hibernate.manytomanyunidirannotations.
models;

import javax.persistence.Column;
import javax.persistence.Entity;
import javax.persistence.GeneratedValue;
import javax.persistence.GenerationType;
import javax.persistence.Id;

/**
 * BankAccount class.
 * @author Eugenia Pérez Martínez
```

```
 * @email eugenia_perez@cuatrovientos.org
 */
@Entity
public class BankAccount {
  @Id
  @GeneratedValue(strategy = GenerationType.IDENTITY)
  @Column(name="bankaccount_id")
  private Long id;
  private String number;
  private Float deposit;

/**
   * constructor, getters/setters, toString(),…
   */
}
```

Y esta es la clase *Customer*:

```
package org.sistema.hibernate.manytomanyunidirannotations.models;

import java.util.ArrayList;
import java.util.List;

import javax.persistence.Column;
import javax.persistence.GenerationType;
import javax.persistence.Id;
import javax.persistence.CascadeType;
import javax.persistence.Entity;
import javax.persistence.FetchType;
import javax.persistence.GeneratedValue;
import javax.persistence.GenerationType;
import javax.persistence.ManyToMany;

/**
 * Customer class, owning more than one bank account
 * @author Eugenia Pérez Martínez
 * @email eugenia_perez@cuatrovientos.org
 */
@Entity
public class Customer {
  @Id
  @GeneratedValue(strategy = GenerationType.IDENTITY)
  @Column(name="customer_id")
  private Long id;
  private String name;
```

```
        private String address;
        @ManyToMany(cascade = CascadeType.ALL, fetch = FetchType.EAGER)
        private List<BankAccount> bankAccounts = new ArrayList<BankAccount>();

    /**
     * constructor, getters/setters, toString(),…
     */
    }
```

En este caso debemos fijar nuestra atención en la anotación *@ManyToMany*, que es en definitiva la que establece el vínculo. Como es lógico debemos poner esta anotación en el atributo *bankAccounts* ya que es el vínculo con la otra entidad.

Al igual que se hizo en las anotaciones anteriores (*@OneToOne* y *@OneToMany*), debemos indicar las operaciones que se llevarán a cabo en cascada. Así mismo podemos especificar el tipo de recuperación o *fetch* de la colección tal y como se explicó anteriormente.

La prueba será la misma que en el ejemplo con ficheros XML de mapeo. Crearemos 2 objetos cliente, "Customer1" y "Customer2". Después crearemos 6 cuentas corrientes "11111" a "66666" y asociaremos 3 de ellas con cada uno de los clientes. Luego almacenaremos en la base de datos los dos clientes y como consecuencia de las operaciones en cascada serán 6 las cuentas corrientes que a su vez serán almacenadas. Finalmente eliminaremos al "Customer1", con lo que esperamos que se eliminen además "11111", "22222" y "33333".

Comprobemos que el ejemplo produce el mismo resultado que en la versión con archivos XML.

## 3.4.2 Bidireccional

Los vínculos muchos a muchos en su variante bidireccional son similares a las unidireccionales con una salvedad: en las bidireccionales los dos extremos del vínculo son conscientes de la existencia de la relación.

A continuación veremos cómo representar estos vínculos utilizando tanto archivos de mapeo como anotaciones.

### 3.4.2.1 RELACIONES N:M BIDIRECCIONALES CON ARCHIVOS DE MAPEO

Como se decía anteriormente no hay mucha diferencia respecto a las unidireccionales y las modificaciones a realizar son simples.

Cambiaremos ligeramente un poco nuestra clase *BankAccount* para que contenga una referencia a todos los clientes que posean esa cuenta corriente. Como muchos clientes pueden ser titulares de una cuenta corriente, deberemos agregar una lista de objetos *Customer* a la clase *BankAccount*. Obviamente tenemos que agregar los métodos *getters* y los *setters* para este nuevo atributo, además de un método extra que facilite añadir un nuevo cliente a la lista de clientes para esta cuenta corriente. Además, al mismo tiempo, agregará esta cuenta corriente a la lista de cuentas corrientes del cliente:

La clase *BankAccount* queda de esta forma:

```java
package org.sistema.hibernate.manytomanybidirxml.models;

import java.util.ArrayList;
import java.util.List;

/**
 * BankAccount class.
 * @author Eugenia Pérez Martínez
 * @email eugenia_perez@cuatrovientos.org
 */
public class BankAccount {
   private Long id;
   private String number;
   private Float deposit;
   private List<Customer> customers = new ArrayList<Customer>();

   /**
    * constructor, getters/setters, toString(),…
    */

   public List< Customer> getCustomers() {
      return customers;
   }

   public void setCustomers(List<Customer> customers) {
      this.customers = customers;
   }

   /**
    * Adds customer to bankaccount
    * @param customer
    */
   public void addCustomer (Customer customer) {
      customers.add(customer);
      customer.addAccount(this);
   }

}
```

En este caso la clase *Customer* queda exactamente igual y no hace falta cambiar nada.

Ahora hay que indicar esta relación en el archivo de mapeo *BankAccount.hbm.xml*. Lo bueno es que esta relación la podemos especificar de la misma manera que ya hicimos en el fichero *Customer.hbm.xml*. Añadimos un elemento *<list>* con el nombre del atributo que representa la relación en la clase *BankAccount*, que en este caso es *customers* y, al igual que antes, debemos especificar el nombre de la tabla *join* que necesitan las dos entidades.

El siguiente paso es muy importante. En los vínculos una de las entidades debe ser la dueña de la relación y la otra es el lado inverso. La elección depende de la lógica de la aplicación. Para este ejemplo, supondremos que la clase *Customer* es la dueña de la relación con lo que no cambiamos su fichero de mapeo, y que por tanto *BankAccount* es el lado inverso. Esto se especifica mediante el atributo *inverse* con valor *true* en el elemento *<list>*.

Y el archivo completo de mapeo queda así:

```xml
<?xml version="1.0" encoding="UTF-8"?>
<!DOCTYPE hibernate-mapping PUBLIC
    "-//Hibernate/Hibernate Mapping DTD 3.0//EN"
    "http://hibernate.sourceforge.net/hibernate-mapping-3.0.dtd">
<hibernate-mapping package="org.sistema.hibernate.manytomanybidirxml.models">
   <class name="BankAccount" table="bankaccount">
      <id name="id" column="bankaccount_id">
         <generator class="identity" />
      </id>
      <property name="number" />
      <property name="deposit" />
      <list name="customers" table="customer_bankaccount" inverse="true">
         <key column="bankaccount_id" />
         <list-index column="list_order" />
         <many-to-many class="Customer" column="customer_id" />
      </list>
   </class>
</hibernate-mapping>
```

En este caso el archivo de mapeo XML *Customer.hbm.xml* no sufre variación alguna.

Retocamos el código de la clase *Main* para poder probar el método auxiliar *addCustomer* de las instancias de *BankAccount*, como se puede ver en el código del proyecto proporcionado.

Debe ocurrir lo mismo que en la ocasión anterior: se crean 2 clientes y 6 cuentas corrientes, relacionando 3 cuentas corrientes para cada cliente. Después se almacenan tanto los clientes como sus cuentas corrientes en cascada, y por último se elimina el primer cliente. Por lo que solo deben quedar en la base de datos el *customer2* y las cuentas bancarias 44444 a 66666:

Result Set Filter:

| customer_id | name | address |
|---|---|---|
| 2 | Customer2 | c/ Menor |
| NULL | NULL | NULL |

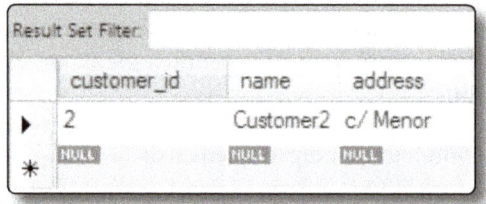

**Figura 3.20.** Relación de clientes almacenados

Result Set Filter:

| bankaccount_id | number | deposit |
|---|---|---|
| 4 | 44444 | 1342320 |
| 5 | 55555 | -54 |
| 6 | 66666 | 534.87 |
| NULL | NULL | NULL |

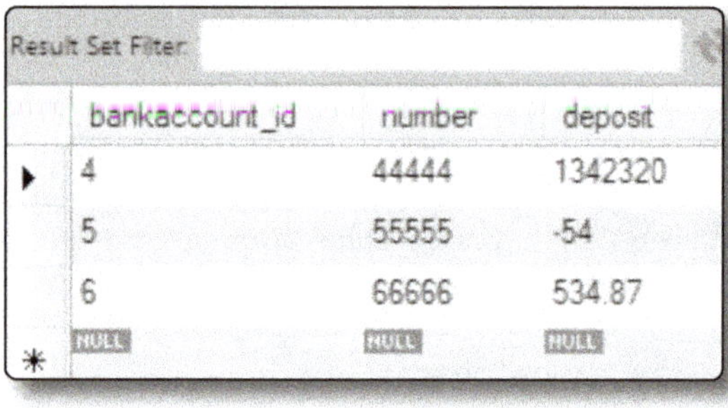

**Figura 3.21.** Cuentas bancarias almacenadas

Result Set Filter:

| bankaccount_id | customer_id | list_order |
|---|---|---|
| 4 | 2 | 0 |
| 5 | 2 | 1 |
| 6 | 2 | 2 |
| NULL | NULL | NULL |

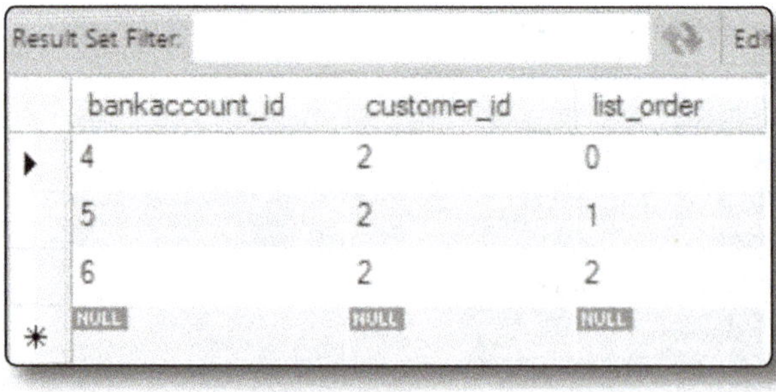

**Figura 3.22.** Tabla de join entre clientes y cuentas

### 3.4.2.2 RELACIONES N:M BIDIRECCIONALES CON ANOTACIONES

Para poder establecer esta relación tenemos que incluir un atributo para representar el vínculo de la entidad cuenta corriente. Siendo esta una relación muchos a muchos el atributo será un conjunto de clientes, en concreto un *ArrayList* como el siguiente:

```java
private List<Customer> customers = new ArrayList<Customer>();
```

A este atributo lo marcamos con la anotación *@ManyToMany*, de la misma forma que lo está el atributo *bankAccounts* de la clase *Customer*. Agregamos además los *setters* y los *getters* de este atributo y el método auxiliar *addCustomer*, igual que lo hicimos en el caso de los archivos de mapeo:

```java
/**
 * adds customer to bankaccount
 * @param customer
 */
public void addCustomer (Customer customer) {
    customers.add(customer);
    customer.addAccount(this);
}
```

Cuando hablamos de las relaciones 1:N bidireccionales con anotaciones dijimos que en los vínculos uno de los dos lados debe ser el dueño. Por norma general el lado muchos debe ser siempre el dueño. Esto también se aplica para las relaciones muchos a muchos o N:M. Como en esta ocasión ambos extremos de la relación son muchos, tenemos la opción de seleccionar a quien creamos conveniente para ser el dueño de la misma.

En este caso será la entidad cliente el dueño, y por lo tanto, la entidad cuenta corriente será el lado inverso, por lo que debemos indicarlo colocando en la anotación *@ManyToMany* el atributo *mappedBy*, cuyo valor será el nombre del atributo que representa la lista de cuentas corrientes en la clase *Customer*, que en este caso es *bankAccounts*.

```java
package org.sistema.hibernate.manytomanybidirannotations.models;

import java.util.ArrayList;
import java.util.List;
import javax.persistence.GeneratedValue;
import javax.persistence.GenerationType;
import javax.persistence.Id;
```

```java
import javax.persistence.ManyToMany;

/**
 * BankAccount class.
 * @author Eugenia Pérez Martínez
 * @email eugenia_perez@cuatrovientos.org
 */
public class BankAccount {
   @Id
   @GeneratedValue(strategy = GenerationType.IDENTITY)
   @Column(name="bankaccount_id")
   private Long id;
   private String number;
   private Float deposit;

   @ManyToMany
   private List<Customer> customers = new ArrayList<Customer>();

   /**
    * constructor, getters/setters, toString(),…
    */

/**
    * adds customer to bankaccount
    * @param customer
    */
   public void addCustomer (Customer customer) {
      customers.add(customer);
      customer.addAccount(this);
   }

   /**
    * @return the customers
    */
   public List<Customer> getCustomers() {
      return customers;
   }

   /**
    * @param customers the customers to set
    */
   public void setCustomers(List<Customer> customers) {
      this.customers = customers;
   }
}
```

Finalmente podemos verificar que la configuración es correcta probando el siguiente código en la siguiente clase *Main*. En este caso, relacionamos los clientes con las cuentas a través del método *addCustomer* de la clase *BankAccount*:

```java
package org.sistema.hibernate.manytomanybidirannotations;

import org.sistema.hibernate.manytomanybidirannotations.dao.CustomerDAO;
import org.sistema.hibernate.manytomanybidirannotations.models.Customer;
import org.sistema.hibernate.manytomanybidirannotations.models.BankAccount;

/**
 * Main class to try some operations
 * @author Eugenia Pérez
 * @email eugenia_perez@cuatrovientos.org
 */
public class Main {

    public static void main(String[] args) {
        Customer customer1 = new Customer();
        customer1.setName("Customer1");
        customer1.setAddress("c/ Mayor");
        BankAccount bankAccount1 = new BankAccount();
        bankAccount1.setNumber("11111");
        bankAccount1.setDeposit(4453.23f);
        BankAccount bankAccount2 = new BankAccount();
        bankAccount2.setNumber("22222");
        bankAccount2.setDeposit(42.00f);
        BankAccount bankAccount3 = new BankAccount();
        bankAccount3.setNumber("33333");
        bankAccount3.setDeposit(542.760f);
        // Asociamos con cliente a través de las cuentas
        bankAccount1.addCustomer(customer1);
        bankAccount2.addCustomer(customer1);
        bankAccount3.addCustomer(customer1);

        //Al cliente 2 le asignamos otras tres cuentas
        Customer customer2 = new Customer();
        customer2.setName("Customer2");
        customer2.setAddress("c/ Menor");
        BankAccount bankAccount4 = new BankAccount();
        bankAccount4.setNumber("44444");
        bankAccount4.setDeposit(1342323.45f);
        BankAccount bankAccount5 = new BankAccount();
        bankAccount5.setNumber("55555");
```

```
            bankAccount5.setDeposit(-54f);
            BankAccount bankAccount6 = new BankAccount();
            bankAccount6.setNumber("66666");
            bankAccount6.setDeposit(534.87f);
            // Asociamos con cliente a través de las cuentas
            bankAccount4.addCustomer(customer2);
            bankAccount5.addCustomer(customer2);
            bankAccount6.addCustomer(customer2);

            //Se insertan los dos clientes, con sus cuentas en
       cascada
            CustomerDAO customerDAO = new CustomerDAO();
            customerDAO.insert(customer1);
            customerDAO.insert(customer2);

            //Se borra el último cliente
            customerDAO.delete(customer1);
        }
    }
```

Como se puede ver se vuelve a repetir lo mismo que en el caso anterior. Ejecuta el programa y comprueba que el resultado en base de datos es el mismo.

## 3.5 COLECCIONES

Hasta ahora los ejemplos expuestos han utilizado listas para implementar las colecciones fruto de las relaciones 1:N, N:1 y N:M. No obstante, se puede trabajar con otras colecciones de la librería *java.util*.

Lo recomendable es siempre definir las colecciones refiriéndonos a una interfaz genérica.

### 3.5.1 Listas

Son estructuras de datos que permiten duplicados pero en las que se establece un orden. Su interfaz es *List* y la implementación es *ArrayList*.

```xml
<list name="cars" table="CARS_LIST" cascade="all">
  <key column="SHOWROOM_ID" /><!-- FK in the table of Cars
-->
  <index column="CAR_INDEX" />
  <one-to-many class="Car" />
</list>
```

Además del *key* el elemento distintivo es el *index*, que debemos incluir para poder gestionar el orden de las entidades dentro de la colección.

### 3.5.2 Conjuntos

No permiten ordenación y no admiten duplicidad en los elementos. Su interfaz es *Set*, y su implementación es *HashSet*.

```
<set name="cars" table="CARS_LIST" cascade="all">
   <key column="SHOWROOM_ID" /><!-- FK in the table of Cars -->
   <!-- Notice that the index doesn't apply in this
collection: <index   column="CAR_INDEX" />-->
   <one-to-many class="Car" />
</set>
```

### 3.5.3 Mapas

Se trata de estructuras asociativas de pares *clave valor*, su interfaz es *Map* y la implementación *HashMap*.

```
<map name="cars" table="CARS_LIST" cascade="all">
   <key column="SHOWROOM_ID" /><!-- FK in the table of Cars -->
   <!-- data type in lower case-->
   <map-key column="CUST_NAME" type="string" />
   <one-to-many class="Car" />
</map>
```

El campo clave de cada elemento de la colección es el nombre del cliente (*String*), mientras que el valor es el objeto coche o *Car*.

## 3.6 ENTIDADES, HERENCIA Y ASOCIACIONES

Una de las propiedades más ventajosas de la orientación a objetos es la herencia. La herencia nos permite reutilizar código, extenderlo, sobrescribirlo, etc. Es frecuente que las entidades necesiten extender sus propiedades y funcionalidades para derivar en otras entidades más especializadas. Así por ejemplo, partiendo de una clase *User* podríamos extender a las clases *Operator* y *Administrator*. A la hora de mapear objetos a bases de datos relacionales, aplicar el mecanismo de herencia puede resultar algo más complicado. Hibernate prevé este escenario y ofrece 3 maneras distintas de gestionar la herencia en los mapeos, siendo cada una de ellas una estrategia que conviene aplicar según el caso. Estas tres estrategias de las que dispone Hibernate son:

- Una tabla que abarca toda la jerarquía de clases.
- Una tabla por cada clase o estrategia de *joins*.
- Una tabla por cada clase concreta o estrategia de *union*.

Se detallará a continuación el modelo de datos utilizado para mostrar el funcionamiento de cada una de estas estrategias. Se han creado dos paquetes, uno con el nombre *models*, que contendrá las clases entidades, y otro con el nombre *dao* que contendrá nuestras clases para operaciones de persistencia. Adicionalmente, dentro del directorio *src/main/resources* almacenaremos los archivos de mapeo XML.

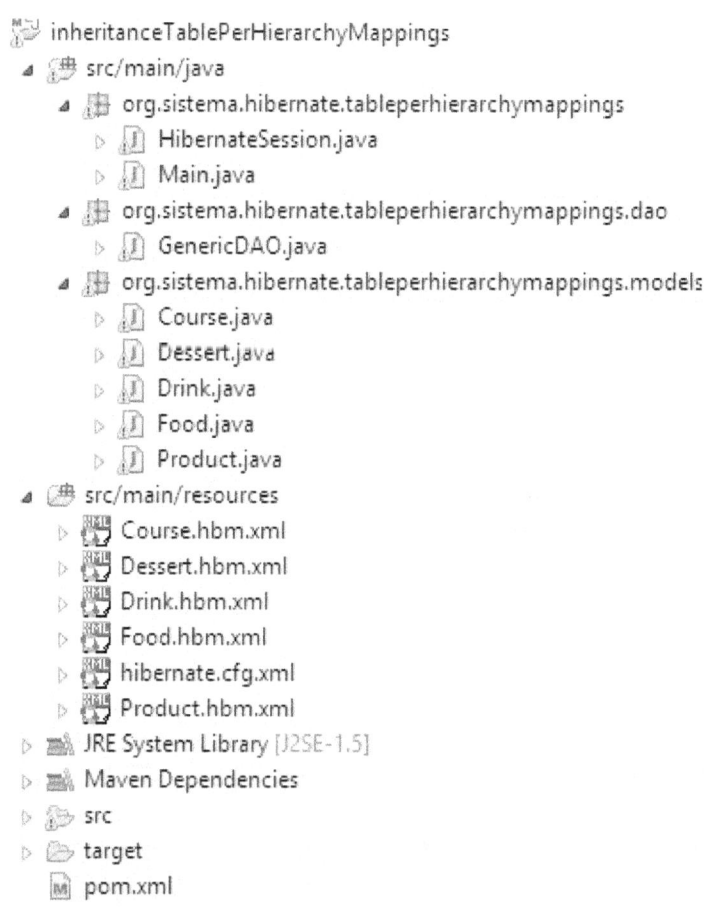

**Figura 3.23.** Estructura de paquetes y ficheros utilizada para los ejemplos

Aprovecharemos para crear nuestro archivo de configuración de Hibernate, *hibernate.cfg.xml*:

```xml
<?xml version='1.0' encoding='utf-8'?>
<!-- Hibernate configuration file, here is were we set up
hibernate db collection
 and mapping between classes and database tables. -->
<!DOCTYPE hibernate-configuration PUBLIC
    "-//Hibernate/Hibernate Configuration DTD 3.0//EN"
    "http://www.hibernate.org/dtd/hibernate-configuration-3.0.dtd">
<hibernate-configuration>
 <session-factory>
 <!-- Database connection settings -->
 <property name="dialect">org.hibernate.dialect.MySQLDialect</property>
 <property name="connection.driver_class">com.mysql.jdbc.Driver</property>
 <property name="connection.url">jdbc:mysql://localhost:3306/inheritance</property>
 <property name="connection.username">root</property>
 <property name="connection.password"></property>
  <property name="cache.provider_class">org.hibernate.cache.HashtableCacheProvider</property>
 <property name="transaction.factory_class">org.hibernate.transaction.JDBCTransactionFactory</property>
 <property name="current_session_context_class">thread</property>
 <property name="hibernate.show_sql">true</property>
 <property name="hbm2ddl.auto">create-drop</property>

 <!-- Here comes the mapping definition -
  saved in resources dir with this hibernate config -->
 </session-factory>
</hibernate-configuration>
```

También agregaremos nuestra clase *HibernateSession* al proyecto.

```java
package org.sistema.hibernate.tableperhierarchymappings;

import org.hibernate.Session;
import org.hibernate.SessionFactory;
import org.hibernate.cfg.Configuration;
import org.hibernate.service.ServiceRegistry;
import org.hibernate.service;
```

```java
/**
 * Represents a entity which handles
 * the session with the database.
 * @author Eugenia Pérez Martínez
 * @email eugenia_perez@cuatrovientos.org
 */
public class HibernateSession {
   private static final SessionFactory sessionFactory =
        buildSessionFactory();
   private static Session session;

   /**
    * Based on hibernate.cfg.xml configuration creates
    * a SessionFactory
    * @return the session factory
    */
   private static SessionFactory buildSessionFactory() {
      Configuration configuration = new Configuration();
      configuration.configure();
      ServiceRegistry serviceRegistry =
           new ServiceRegistryBuilder()
           .applySettings(configuration.getProperties())
           .buildServiceRegistry();
      SessionFactory sessionFactory = configuration
           .buildSessionFactory(serviceRegistry);
      return sessionFactory;
   }

   /**
    * this gives the desired session factory
    * @return hibernate Session Factory instance
    */
   private static SessionFactory getSessionFactory() {
      return sessionFactory;
   }

   /**
    * gives the current Session
    * @return Hibernate Session
    */
   public static Session getSession() {
      if (null == session || !session.isOpen()) {
         session = sessionFactory.openSession();
      }
      return session;
   }
}
```

A continuación crearemos una clase base que servirá de punto de partida para todos los daos de nuestra aplicación. Habitualmente en el patrón DAO se crea una clase DAO por cada clase de nuestro modelo, con todas las operaciones necesarias para interactuar con la base de datos. No obstante, estas clases específicas suelen compartir mucha lógica de negocio, ya que hacen operaciones muy similares que pueden ser compartidas. Es por ello que es muy habitual contar con una clase que haga de padre en esta jerarquía. En este caso crearemos una clase *GenericDAO* que utilizará genericidad para así poder crear instancias específicas para cada clase del modelo.

```java
package org.sistema.hibernate.tableperhierarchymappings.dao;

import java.io.Serializable;
import java.util.List;
import org.hibernate.HibernateException;
import org.hibernate.Session;
import org.sistema.hibernate.tableperhierarchymappings.HibernateSession;

/**
 * Generic DAO to share logic between all
 * the specific DAOs.
 * @author Eugenia Pérez Martínez
 */
public class GenericDAO<T> {
    protected Session session;

    /**
     * Gets the current session
     * @return
     */
    public Session getSession() {
        return session;
    }

    /**
     * Starts the transactional behaviour applied to
     * some certain operations (insert, update, delete...)
     */
    protected void startTransaction() {
        session = HibernateSession.getSession();
        session.getTransaction().begin();
    }
```

```java
/**
 * Closes the transactional behaviour applied
 * to some certain operations
 */
protected void endTransaction() {
    session.getTransaction().commit();
    session.close();
}

/**
 * Handles any exception thrown during a transaction
 * ensuring a performance of rollback action
 * in case of unsuccessful performance.
 * @param he
 * @throws HibernateException
 */
protected void handleException(HibernateException he)
        throws HibernateException {
    session.getTransaction().rollback();
    throw he;
}

/**
 * Insert the specific entity.
 * @param entity
 * @throws HibernateException
 */
public void insert(T entity) throws HibernateException {
    try {
        startTransaction();
        session.persist(entity);
        session.flush();
    } catch (HibernateException he) {
        handleException(he);
    } finally {
        endTransaction();
    }
}

/**
 * Save or update the specific entity.
 * @param entity
 * @throws HibernateException
 */
public void update(T entity) throws HibernateException {
    try {
        startTransaction();
```

```java
            session.merge(entity);
            session.flush();
        } catch (HibernateException he) {
            handleException(he);
        } finally {
            endTransaction();
        }
    }

    /**
     * Find by ID the specific entity
     * @param id
     * @param entityClass
     * @return the template of the entity
     * @throws HibernateException
     */
    public T selectById(Serializable id, Class<T> entityClass)
            throws HibernateException {
        T obj = null;
        try {
            session = HibernateSession.getSession();
            obj = (T) session.get(entityClass, id);
        } catch (HibernateException he) {
            handleException(he);
        } finally {
            session.close();
        }
        return obj;
    }

    /**
     * Select all the entities of this concrete class
     * @param entityClass
     * @return the list of templates
     * @throws HibernateException
     */
    public List<T> selectAll(Class<T> entityClass)
            throws HibernateException {
        List<T> result = null;
        try {
            session = HibernateSession.getSession();
            result = session.createQuery("FROM "
                    + entityClass.getSimpleName())
                    .list();
        } catch (HibernateException he) {
            handleException(he);
        } finally {
```

```
         session.close();
      }
      return result;
   }

   /**
    * Delete the specific entity
    * @param entity
    * @throws HibernateException
    */
   public void delete(T entity) throws HibernateException {
      try {
         startTransaction();
         getSession().delete(entity);
         getSession().flush();
      } catch (HibernateException he) {
         handleException(he);
      } finally {
         endTransaction();
      }
   }

}
```

A continuación se presenta una imagen que será la base para ilustrar los ejemplos de mapeo de herencia:

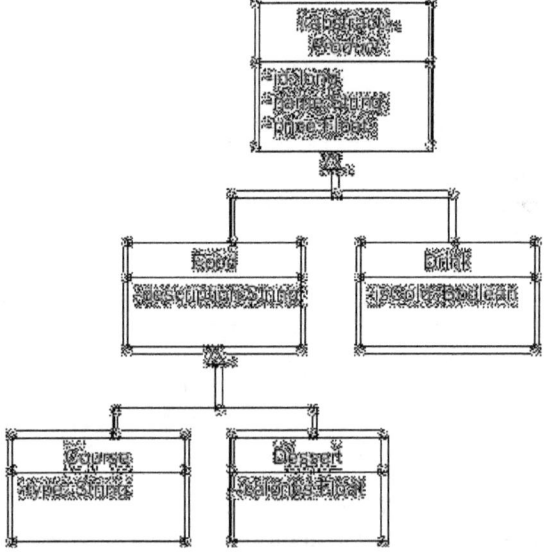

**Figura 3.24.** Diagrama UML de clases jerárquicas

Como se aprecia en la imagen existe una clase base abstracta (*Product*), de la que heredan otras dos clases: *Food* y *Drink*. De *Food* extienden a su vez otras dos clases: *Course* y *Dessert*. Cada una de las clases tiene una serie de atributos propios, lo que nos ayudará a ver cómo se comportan estos en las distintas estrategias de herencia que veremos. Las clases quedan de la siguiente manera:

La clase *Product*:

```java
package org.sistema.hibernate.tableperhierarchymappings.models;

import java.io.Serializable;

/**
 * Represents a product from a restaurant or bar
 * @author Eugenia Pérez Martínez
 * @email eugenia_perez@cuatrovientos.org
 */
public abstract class Product implements Serializable {
    private Long id;
    private String name;
    private Float price;

    /**
     * default constructor
     */
    public Product () {
    }

    /**
     * @param name
     * @param price
     */
    public Product(String name, Float price) {
        this.name = name;
        this.price = price;
    }

    /**
     * @return the id
     */
    public Long getId() {
        return id;
    }
```

```java
/**
 * @param id the id to set
 */
public void setId(Long id) {
   this.id = id;
}

/**
 * @return the name
 */
public String getName() {
   return name;
}

/**
 * @param name the name to set
 */
public void setName(String name) {
   this.name = name;
}

/**
 * @return the price
 */
public Float getPrice() {
   return price;
}

/**
 * @param price the price to set
 */
public void setPrice(Float price) {
   this.price = price;
}

/* (non-Javadoc)
 * @see java.lang.Object#toString()
 */
@Override
public String toString() {
    return "Product [id=" + id + ", name=" + name + ", price=" + price
            + "]";
}
}
```

La clase *Drink* queda así:

```java
package org.sistema.hibernate.tableperhierarchymappings.models;

/**
 * Represents a drink
 *
 * @author Eugenia Pérez Martínez
 * @email eugenia_perez@cuatrovientos.org
 */
public class Drink extends Product {

   private Boolean isCold;

   /**
    * default constructor
    */
   public Drink() {
   }

   /**
    * @param name
    * @param price
    * @param isCold
    */
   public Drink(String name, Float price, Boolean isCold) {
      super( name, price);
      this.isCold = isCold;
   }

   /**
    * @return the isCold
    */
   public Boolean getIsCold() {
      return isCold;
   }

   /**
    * @param isCold
    *       the isCold to set
    */
   public void setIsCold(Boolean isCold) {
      this.isCold = isCold;
   }
```

```java
/*
 * (non-Javadoc)
 * @see java.lang.Object#toString()
 */
@Override
public String toString() {
    return "Drink [isCold=" + isCold + ", toString()="
        + super.toString() + "]";
}
}
```

La clase *Food* queda de la siguiente forma:

```java
package org.sistema.hibernate.tableperhierarchymappings.
models;

/**
 * Represents a product from a restaurant or bar
 * @author Eugenia Pérez Martínez
 * @email eugenia_perez@cuatrovientos.org
 */
public class Food extends Product {
    private String description;

    /**
     * default constructor
     */
    public Food () {
    }

    /**
     * @param name
     * @param price
     * @param description
     */
    public Food(String name, Float price, String description) {
        super(name, price);
        this.description = description;
    }

    /**
     * @return the description
     */
    public String getDescription() {
        return description;
    }
```

```java
/**
 * @param description the description to set
 */
public void setDescription(String description) {
    this.description = description;
}

/* (non-Javadoc)
 * @see java.lang.Object#toString()
 */
@Override
public String toString() {
    return "Food [description=" + description + ", toString()="
        + super.toString() + "]";
}

}
```

La clase *Course* se ve así:

```java
package org.sistema.hibernate.tableperhierarchymappings.models;

/**
 * Represents a Course
 * @author Eugenia Pérez Martínez
 * @email eugenia_perez@cuatrovientos.org
 */
public class Course extends Food {
    private String type;

    /**
     * default constructor
     */
    public Course () {
    }

    /**
     * @param name
     * @param price
     * @param description
     */
    public Course(String name, Float price, String description,
String type) {
        super(name, price, description);
```

```java
        this.type = type;
    }

    /**
     * @return the type
     */
    public String getType() {
        return type;
    }

    /**
     * @param type the type to set
     */
    public void setType(String type) {
        this.type = type;
    }

    /* (non-Javadoc)
     * @see java.lang.Object#toString()
     */
    @Override
    public String toString() {
        return "Course [type=" + type + ", toString()=" + super.toString()
                + "]";
    }
}
```

Finalmente la clase *Dessert* queda de la siguiente forma:

```java
package org.sistema.hibernate.tableperhierarchymappings.models;

/**
 * Represents a Dessert
 * @author Eugenia Pérez Martínez
 * @email eugenia_perez@cuatrovientos.org
 */
public class Dessert extends Food {
    private Float calories;

    /**
     * default constructor
     */
    public Dessert () {
    }
```

```java
/**
 * @param name
 * @param price
 * @param description
 * @param calories
 */
public Dessert(String name, Float price, String description, Float calories) {
    super(name, price, description);
    this.calories = calories;
}

/**
 * @return the calories
 */
public Float getCalories() {
    return calories;
}

/**
 * @param calories the calories to set
 */
public void setCalories(Float calories) {
    this.calories = calories;
}

/* (non-Javadoc)
 * @see java.lang.Object#toString()
 */
@Override
public String toString() {
    return "Dessert [calories=" + calories + ", toString()="
        + super.toString() + "]";
}
}
```

### 3.6.1 Tabla por jerarquía de clases

Con esta estrategia todas las instancias de la jerarquía de clases compuestas por la herencia se gestionan en una única tabla. Es decir, cualquier instancia del árbol de herencia se guarda en la misma tabla. Para especificar a qué clase concreta pertenece una fila de la tabla se utiliza un valor en una columna discriminatoria. El valor de esa columna puede ser un número entero, un carácter o una cadena, cualquiera que nosotros indiquemos para las entidades. En nuestro caso la base de datos estaría formada por una sola tabla que quedaría de la siguiente forma:

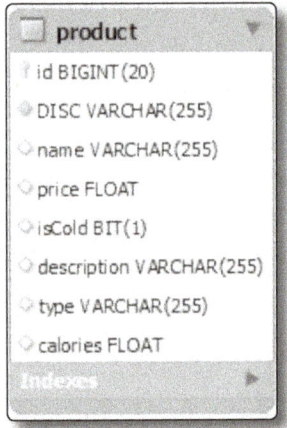

**Figura 3.25.** Única tabla resultante

En la columna "DISC" se guarda el valor que identifica a cuál de nuestras clases pertenecen las instancias almacenadas en la base de datos. Por tanto "DISC" es nuestra columna discriminatoria.

En la imagen anterior se puede apreciar que las propiedades de todas las clases de la jerarquía de *Product* se guardan en una única tabla. Gracias a esto no es necesario llevar a cabo operaciones de *joins* o uniones para consultar datos de varios objetos, por lo que como estrategia para conseguir un alto rendimiento es muy recomendable. Un uso claro de esta estrategia es la generación de informes. Pero esta estrategia también tiene sus defectos, ya que al agrupar distintas entidades tenemos que tener columnas para todos los atributos de las clases que forman la jerarquía. Por tanto se va a dar la situación en la que haya columnas específicas para atributos de subclases que quedarán vacías o con valor NULL, y esto puede derivar en posteriores problemas de integridad.

A continuación se muestra la implementación de esta estrategia de herencia en nuestras aplicaciones.

### 3.6.1.1 TABLA POR JERARQUÍA DE CLASES USANDO ARCHIVOS DE MAPEO

Para ello crearemos un nuevo documento XML, *Product.hbm.xml*:

```xml
<?xml version="1.0"?>
<!DOCTYPE hibernate-mapping PUBLIC
"-//Hibernate/Hibernate Mapping DTD 3.0//EN"
"http://hibernate.sourceforge.net/hibernate-mapping-3.0.dtd">
<hibernate-mapping>
 <class
   name="org.sistema.hibernate.tableperhierarchymappings.models.Product"
   table="product">
   <id name="id">
      <generator class="identity" />
   </id>
   <discriminator column="DISC" type="string" />
   <property name="name" />
   <property name="price" />
 </class>
</hibernate-mapping>
```

El mapeo de la clase *Product* es sencillo, tan solo debemos añadir cuál va a ser el nombre y el tipo de la columna discriminadora:

```xml
<discriminator column="DISC" type="string" />
```

Estamos indicando que el nombre de nuestra columna discriminadora, pese a poder ser cualquier otro, será *DISC* y, además, que será de tipo *String*.

En el archivo de mapeo es preciso utilizar el elemento *<subclass>* en lugar del que se solía utilizar (*<class>*). Para mapear la clase *Drink* se ha creado un archivo de mapeo *Drink.hbm.xml*:

```xml
<?xml version="1.0"?>
<!DOCTYPE hibernate-mapping PUBLIC
"-//Hibernate/Hibernate Mapping DTD 3.0//EN"
"http://hibernate.sourceforge.net/hibernate-mapping-3.0.dtd">
<hibernate-mapping>
 <subclass
   name="org.sistema.hibernate.tableperhierarchymappings.models.Drink"
   discriminator-value="drin"
   extends="org.sistema.hibernate.tableperhierarchymappings.models.Product">
   <property name="isCold" />
 </subclass>
</hibernate-mapping>
```

Es en el elemento *<subclass>* donde se indica el nombre de la clase que estamos mapeando (*Drink*). Adicionalmente el atributo *extends* permite indicar la clase de la que extiende, y se indica su valor para la columna discriminadora, *drin*, usando el atributo *discriminator-value*. Se realizará la misma operación por cada subclase, quedando de esta forma:

| Clase | Disc |
|---|---|
| Drink | drin |
| Food | food |
| Course | cour |
| Dessert | dess |

Cabe destacar que dado que el ID se heredará de la clase base *Product*, no es necesario indicarlo.

A continuación se adjuntan los ficheros de mapeos:

Para la clase *Food*:

```xml
<?xml version="1.0"?>
<!DOCTYPE hibernate-mapping PUBLIC
"-//Hibernate/Hibernate Mapping DTD 3.0//EN"
"http://hibernate.sourceforge.net/hibernate-mapping-3.0.dtd">
<hibernate-mapping>
 <subclass
   name="org.sistema.hibernate.tableperhierarchymappings.models.Food"
   discriminator-value="food"
   extends="org.sistema.hibernate.tableperhierarchymappings.models.Product">
   <property name="description" />
 </subclass>
</hibernate-mapping>
```

Para la clase *Course*:

```xml
<?xml version="1.0"?>
<!DOCTYPE hibernate-mapping PUBLIC
"-//Hibernate/Hibernate Mapping DTD 3.0//EN"
"http://hibernate.sourceforge.net/hibernate-mapping-3.0.dtd">
<hibernate-mapping>
 <subclass
   name="org.sistema.hibernate.tableperhierarchymappings.models.Course"
```

```
      discriminator-value="cour"
      extends="org.sistema.hibernate.tableperhierarchymappings.
models.Food">
      <property name="type" />
 </subclass>
</hibernate-mapping>
```

Y para la clase *Dessert*:

```
<?xml version="1.0"?>
<!DOCTYPE hibernate-mapping PUBLIC
"-//Hibernate/Hibernate Mapping DTD 3.0//EN"
"http://hibernate.sourceforge.net/hibernate-mapping-3.0.dtd">
<hibernate-mapping>
 <subclass
   name="org.sistema.hibernate.tableperhierarchymappings.
models.Dessert"
     discriminator-value="dess"
     extends="org.sistema.hibernate.tableperhierarchymappings.
models.Food">
      <property name="calories" />
 </subclass>
</hibernate-mapping>
```

Finalmente se debe hacer referencia a todos estos archivos desde el archivo de configuración de Hibernate, *hibernate.cfg.xml*:

```
<mapping resource="Product.hbm.xml" />
<mapping resource="Drink.hbm.xml" />
<mapping resource="Food.hbm.xml" />
<mapping resource="Course.hbm.xml" />
<mapping resource="Dessert.hbm.xml" />
```

Para realizar la prueba del código, se crea una instancia de cada tipo desde el método *main*:

```
package org.sistema.hibernate.tableperhierarchymappings;

import org.sistema.hibernate.tableperhierarchymappings.dao.
GenericDAO;
import org.sistema.hibernate.tableperhierarchymappings.
models.Course;
import org.sistema.hibernate.tableperhierarchymappings.
models.Dessert;
import org.sistema.hibernate.tableperhierarchymappings.
models.Drink;
```

```java
import org.sistema.hibernate.tableperhierarchymappings.models.Food;

/**
 * Main class to try some operations
 * @author Eugenia Pérez Martínez
 * @email eugenia_perez@cuatrovientos.org
 */
public class Main {

public static void main(String[] args) {
  Drink drink = new Drink("Coke", 3.5f, true);
  Food food = new Food("Salad", 14.0f, "Special Salad");
  Course course1 = new Course("Pasta", 16.49f,"Ravioli", "starter");
  Course course2 = new Course("Steak", 29.99f,"Raw meat", "Second course");
  Dessert dessert = new Dessert("Cheesecake", 5.99f,"Special cheesecake", 500.0f);

  new GenericDAO<Drink>().insert(drink);
  new GenericDAO<Food>().insert(food);
  new GenericDAO<Dessert>().insert(dessert);
  GenericDAO<Course> genericDAO = new GenericDAO<Course>();
  genericDAO.insert(course1);
  genericDAO.insert(course2);
 }
}
```

Las instancias son creadas mediante el DAO de operaciones genérico. La siguiente imagen ilustra cómo la tabla fue generada y cómo los 5 datos han sido persistidos según lo esperado:

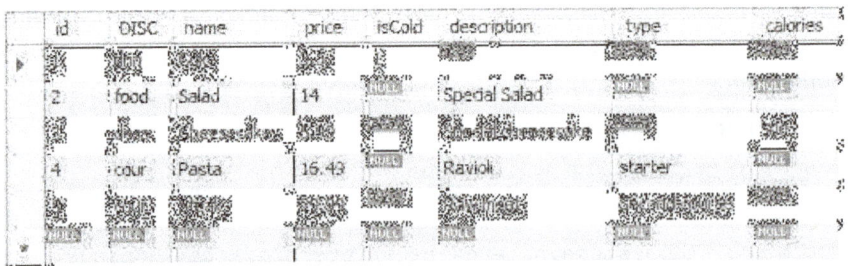

Figura 3.26. Única tabla resultante al aplicar la primera estrategia

En la imagen se aprecian los valores guardados en la columna discriminadora.

### 3.6.1.2 TABLA POR JERARQUÍA DE CLASES USANDO ANOTACIONES

Si queremos indicar que las entidades utilizan herencia en la BD debemos usar la anotación *@Inheritance* en la clase raíz de la jerarquía de clases, que en este caso es la clase *Product*. Aparte de eso, para especificar la estrategia de herencia que aplicamos hay que incluir el atributo *strategy*. El valor por defecto de este atributo es precisamente *InheritanceType.SINGLE_TABLE*, por lo que podríamos no indicar nada.

Mediante lo anterior se especifica que tanto la clase *Product* como sus hijas van a utilizar la estrategia de herencia de una sola tabla. Adicionalmente, podemos indicar cuál será el nombre y el tipo del discriminador. En caso de no hacerlo, por defecto se tomará *DTYPE* como nombre de columna y *String* para su tipo.

La anotación *@DiscriminatorColumn* permite especificar un nombre de columna distinto mediante el atributo *name* y el tipo de discriminador, a través de *discriminatorType*. Este puede tomar uno de los siguientes valores:

```
DiscriminatorType.STRING (este es el valor por defecto)
DiscriminatorType.CHAR
DiscriminatorType.INTEGER
```

Se ilustra un fragmento de código que permite cambiar el nombre de la columna discriminadora:

```
@Entity
@Inheritance(strategy=InheritanceType.SINGLE_TABLE)
@DiscriminatorColumn(name="DISC", discriminatorType=Discrimin
atorType.STRING)
public abstract class Product implements Serializable
{
}
```

El resto de las anotaciones utilizadas en la clase *Product* son las ya vistas:

```
package org.sistema.hibernate.tableperhierarchyannotations.
models;

import java.io.Serializable;

import javax.persistence.DiscriminatorColumn;
import javax.persistence.DiscriminatorType;
import javax.persistence.Entity;
```

```java
import javax.persistence.GeneratedValue;
import javax.persistence.GenerationType;
import javax.persistence.Id;
import javax.persistence.Inheritance;
import javax.persistence.InheritanceType;

/**
 * Represents a product from a restaurant or bar
 * @author Eugenia Pérez Martínez
 * @email eugenia_perez@cuatrovientos.org
 */
@Entity
@Inheritance(strategy = InheritanceType.SINGLE_TABLE)
@DiscriminatorColumn(name="DISC", discriminatorType =
DiscriminatorType.STRING)
public abstract class Product implements Serializable {

    @Id
    @GeneratedValue(strategy = GenerationType.IDENTITY)
    private Long id;
    private String name;
    private Float price;

    /**
     * constructor, getters/setters, toString(),…
     */
}
```

Para hacer el mapeo del resto de clases, por ejemplo *Drink*, solo es necesario indicar dos aspectos. El primero de ellos es que se trata de una entidad, mediante el *@Entity*:

```java
@Entity
public class Drink extends Food {
}
```

El segundo aspecto se refiere a que, de la misma forma que hicimos con los archivos de mapeo, ahora hay que especificar el valor que identifica los registros de esta entidad en la columna discriminatoria. Para hacerlo utilizamos la anotación *DiscriminatorValue*, cuyo atributo *value* nos sirve para indicar el valor que va a tener nuestra columna. En caso de ser *Drink* debemos indicar que el valor que lo representa para la columna discriminatoria será "DR".

```
package org.sistema.hibernate.tableperhierarchyannotations.
models;

import javax.persistence.DiscriminatorValue;
import javax.persistence.Entity;

/**
 * Represents a drink
 *
 * @author Eugenia Pérez Martínez
 * @email eugenia_perez@cuatrovientos.org
 */
@Entity
@DiscriminatorValue(value="DR")
public class Drink extends Product {

    private Boolean isCold;

    /**
     * constructor, getters/setters, toString(),…
     */
}
```

Se debe realizar la misma operación en el resto de las clases siendo los discriminadores:

| Clase | Disc |
|---|---|
| Drink | DR |
| Food | FD |
| Course | CS |
| Dessert | DS |

Por lo tanto, las clases quedarán implementadas como sigue:

La clase *Food*:

```
package org.sistema.hibernate.tableperhierarchyannotations.
models;

import javax.persistence.DiscriminatorValue;
import javax.persistence.Entity;
```

```java
/**
 * Represents a product from a restaurant or bar
 * @author Eugenia Pérez Martínez
 * @email eugenia_perez@cuatrovientos.org
 */
@Entity
@DiscriminatorValue(value="FD")
public class Food extends Product {

  private String description;
  /**
    * constructor, getters/setters, toString(),…
    */
}
```

La clase *Course*:

```java
package org.sistema.hibernate.tableperhierarchyannotations.models;

import javax.persistence.DiscriminatorValue;
import javax.persistence.Entity;

/**
 * Represents a Course
 * @author Eugenia Pérez Martínez
 * @email eugenia_perez@cuatrovientos.org
 */
@Entity
@DiscriminatorValue(value="CS")
public class Course extends Food {
  private String type;
  /**
    * constructor, getters/setters, toString(),…
    */
}
```

Finalmente la clase *Dessert*:

```java
package org.sistema.hibernate.tableperhierarchyannotations.models;

import javax.persistence.DiscriminatorValue;
import javax.persistence.Entity;
```

```java
/**
 * Represents a Dessert
 * @author Eugenia Pérez Martínez
 * @email eugenia_perez@cuatrovientos.org
 */
@Entity
@DiscriminatorValue(value="DS")
public class Dessert extends Food {

    private Float calories;
    /**
     * constructor, getters/setters, toString(),…
     */
}
```

Como en otras ocasiones se deben agregar estas clases al archivo de configuración de Hibernate:

```xml
<mapping class="org.sistema.hibernate.inheritance.tableperhierarchyannotations.models.Product"/>
<mapping class="org.sistema.hibernate.inheritance.tableperhierarchyannotations.models.Drink" />
<mapping class="org.sistema.hibernate.inheritance.tableperhierarchyannotations.models.Food" />
<mapping class="org.sistema.hibernate.inheritance.tableperhierarchyannotations.models.Course" />
<mapping class="org.sistema.hibernate.inheritance.tableperhierarchyannotations.models.Dessert" />
```

Probemos que lo anterior funciona usando el mismo código para el *main* que en el ejemplo con archivos de mapeo XML. Ejecuta el programa y comprueba que el resultado en base de datos es el mismo:

| DISC | id | name | price | isCold | description | type | calories |
|---|---|---|---|---|---|---|---|
| DR | 1 | Coke | 3.5 | 1 | NULL | NULL | NULL |
| FD | 2 | Salad | 14 | NULL | Special Salad | NULL | NULL |
| DS | 3 | Cheesecake | 5.99 | NULL | Special cheesecake | NULL | 500 |
| CS | 4 | Pasta | 16.49 | NULL | Ravioli | starter | NULL |
| CS | 5 | Steak | 29.99 | NULL | Raw meat | Second course | NULL |
| NULL | NULL | NULL | NULL | NULL | NULL | NULL | NULL |

**Figura 3.27.** Tabla resultante del mapeo de herencia de la primera estrategia

Así que finalmente se puede afirmar con contundencia que esta estrategia permite convertir nuestra jerarquía de clases a una sola tabla (tanto mediante ficheros XML como mediante anotaciones):

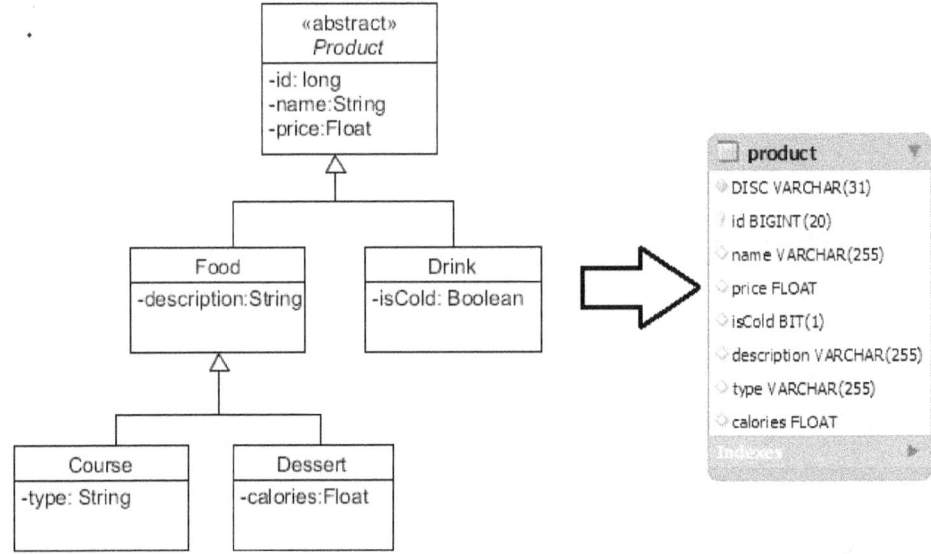

**Figura 3.28.** Representación de jerarquía en una sola tabla

### 3.6.2 Una tabla para cada clase (joins)

Cada una de las clases que conforman el árbol de herencia, tanto clases convencionales como abstractas o interfaces, dispone de su propia tabla. Así cada tabla estará formada de las columnas de los atributos típicos de esa clase y, además, de la columna utilizada tanto para la clave primaria, como para la clave foránea a la superclase. Se muestra un ejemplo a continuación:

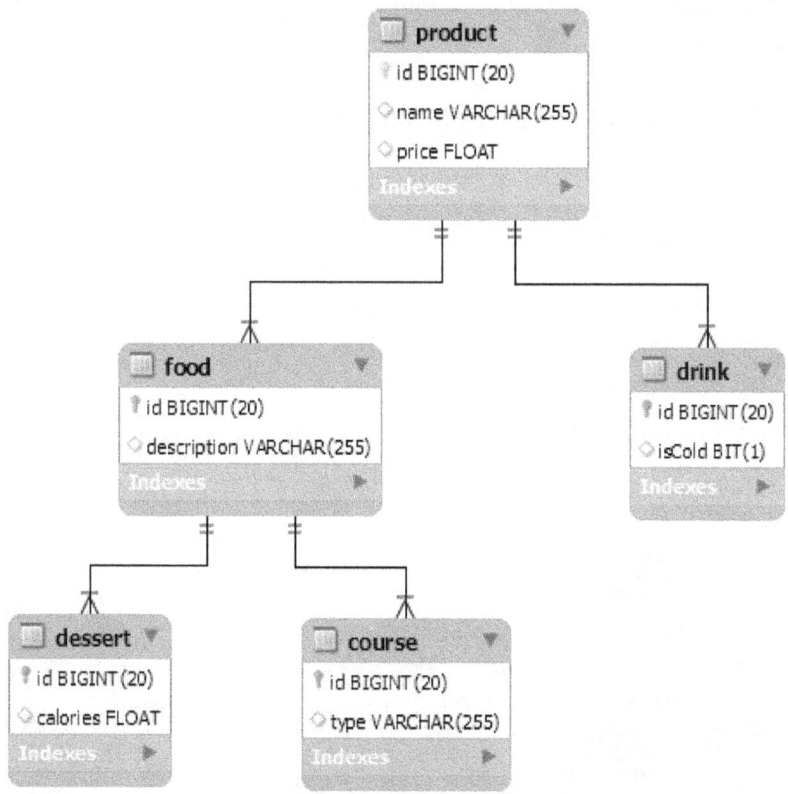

**Figura 3.29.** Modelo relacional de clases jerárquicas

Las tablas base e hijas se unen mediante las claves primarias compartidas, de tal forma que se realiza una operación de *join*.

Entre las ventajas que reporta esta estrategia se pueden destacar la normalización del esquema de la BD, así como el nulo impacto que tendrían las modificaciones de una clase sobre el resto de las mismas. Su gran desventaja se hace visible en las operaciones de búsqueda, ya que en caso de querer buscar la clase concreta a la que pertenece una fila, se debe recorrer toda la jerarquía, lo cual compromete en gran medida el rendimiento en caso de modelos de clases complejos. Por lo tanto, tareas básicas como la elaboración de informes se convierten en complejas.

A continuación se ilustra la implementación de esta estrategia sobre la aplicación de ejemplo.

### 3.6.2.1 UNA TABLA PARA CADA CLASE MEDIANTE ARCHIVOS DE MAPEO

El mapeo de la clase base *Product* queda como siempre:

```xml
<?xml version="1.0"?>
<!DOCTYPE hibernate-mapping PUBLIC
"-//Hibernate/Hibernate Mapping DTD 3.0//EN"
"http://hibernate.sourceforge.net/hibernate-mapping-3.0.dtd">
<hibernate-mapping>
 <class
   name="org.sistema.hibernate.tablepersubclassmappings.models.Product"
   table="product">
   <id name="id">
      <generator class="identity" />
   </id>
   <property name="name" />
   <property name="price" />
 </class>
</hibernate-mapping>
```

Para indicar el uso de esta estrategia en las clases hijas se hará uso del elemento *<joined-subclass>* en lugar del *<class>*, seguido del atributo *name* para indicar la clase a mapear y la tabla que se utilizará mediante el atributo *table*.

```xml
<hibernate-mapping>
   <joined-subclass name="hibernate.herencia.modelo.Hija"
table="tabla_hija">
   </joined-subclass>
</hibernate-mapping>
```

También, dentro del elemento *<joined-subclass>* indicamos de qué clase extiende la clase que estamos mapeando, de la siguiente forma:

```xml
<joined-subclass
   name="org.sistema.hibernate.tablepersubclassmappings.models.Drink"
```

```
        table="drink"
        extends="org.sistema.hibernate.tablepersubclassmappings.
models.Product">
```

Ahora debemos indicar cuál de las columnas de la tabla que almacenará los datos de la entidad padre es la que almacena su identificador, ya que esta columna será usada como clave foránea/primaria de la tabla que se generará para almacenar los datos de la entidad que estamos mapeando. Para eso hacemos uso del elemento *<key>*, y en su atributo *column* indicamos el nombre de la columna que almacena el identificador de su entidad padre, de la siguiente forma:

```
        <key column="id" />
```

En este caso la columna que se generará para almacenar el identificador de *Product* tiene el mismo nombre que el de la propiedad ("id") ya que no hemos indicado ninguna otra cosa, pero si, por ejemplo, este se estuviera guardando en una columna llamada *ID_PRODUCT* tendríamos que colocar "ID_PRODUCT" en el atributo *column* del elemento *<key>*.

Esto es lo único que tenemos que hacer para indicar que queremos usar esta estrategia de herencia. El resto del archivo es el mapeo normal de la clase, y al final queda de esta forma:

```
        <?xml version="1.0"?>
        <!DOCTYPE hibernate-mapping PUBLIC
        "-//Hibernate/Hibernate Mapping DTD 3.0//EN"
        "http://hibernate.sourceforge.net/hibernate-mapping-3.0.dtd">
        <hibernate-mapping>
         <joined-subclass
           name="org.sistema.hibernate inheritance.
        tablepersubclassmappings.models.Drink"
           table="drink"
           extends="org.sistema.hibernate. inheritance.
        tablepersubclassmappings.models.Product">
            <key column="id" />
            <property name="isCold" />
         </joined-subclass>
        </hibernate-mapping>
```

El resto de los mapeos se hacen exactamente igual. Para la clase *Food* el mapeo queda de esta forma:

```xml
<?xml version="1.0"?>
<!DOCTYPE hibernate-mapping PUBLIC
"-//Hibernate/Hibernate Mapping DTD 3.0//EN"
"http://hibernate.sourceforge.net/hibernate-mapping-3.0.dtd">
<hibernate-mapping>
   <joined-subclass
      name="org.sistema.hibernate. inheritance. tablepersubclassmappings.models.Food"
      table="food"
      extends="org.sistema.hibernate. inheritance. tablepersubclassmappings.models.Product">
      <key column="id" />
      <property name="description" />
   </joined-subclass>
</hibernate-mapping>
```

El mapeo para la clase *Course* queda así:

```xml
<?xml version="1.0"?>
<!DOCTYPE hibernate-mapping PUBLIC
"-//Hibernate/Hibernate Mapping DTD 3.0//EN"
"http://hibernate.sourceforge.net/hibernate-mapping-3.0.dtd">
<hibernate-mapping>
   <joined-subclass
    name="org.sistema.hibernate.tablepersubclassmappings. models.Course"
      table="course"
      extends="org.sistema.hibernateMappings.models.Food">
      <key column="id" />
      <property name="type" />
   </joined-subclass>
</hibernate-mapping>
```

Finalmente, el mapeo de *Dessert* queda de esta forma:

```xml
<?xml version="1.0"?>
<!DOCTYPE hibernate-mapping PUBLIC
"-//Hibernate/Hibernate Mapping DTD 3.0//EN"
"http://hibernate.sourceforge.net/hibernate-mapping-3.0.dtd">
```

```xml
<hibernate-mapping>
  <joined-subclass
     name="org.sistema.hibernate. inheritance.
tablepersubclassmappings.models.Dessert"
     table="dessert"
     extends="org.sistema.hibernate. inheritance.
tablepersubclassmappings.models.Food">
   <key column="id" />
   <property name="calories" />
  </joined-subclass>
</hibernate-mapping>
```

No hay que olvidar poner estos archivos de mapeo en el archivo *hibernate.cfg.xml*:

```xml
<!-- Here comes the mapping definition -
saved in resources dir with this hibernate config -->
<mapping resource="Product.hbm.xml" />
<mapping resource="Drink.hbm.xml" />
<mapping resource="Food.hbm.xml" />
<mapping resource="Course.hbm.xml" />
<mapping resource="Dessert.hbm.xml" />
```

Probemos que nuestra aplicación funciona correctamente usando el código que teníamos anteriormente en el método *main* de nuestra clase *Main*. Comprobemos que en nuestra base de datos efectivamente se haya creado una sola tabla para cada una de nuestras clases:

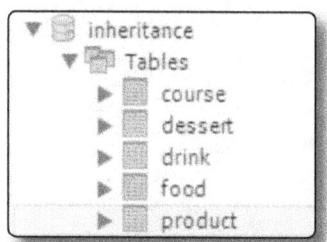

**Figura 3.30.** Tablas generadas

Ahora comprobemos los datos que contiene cada una de las tablas:

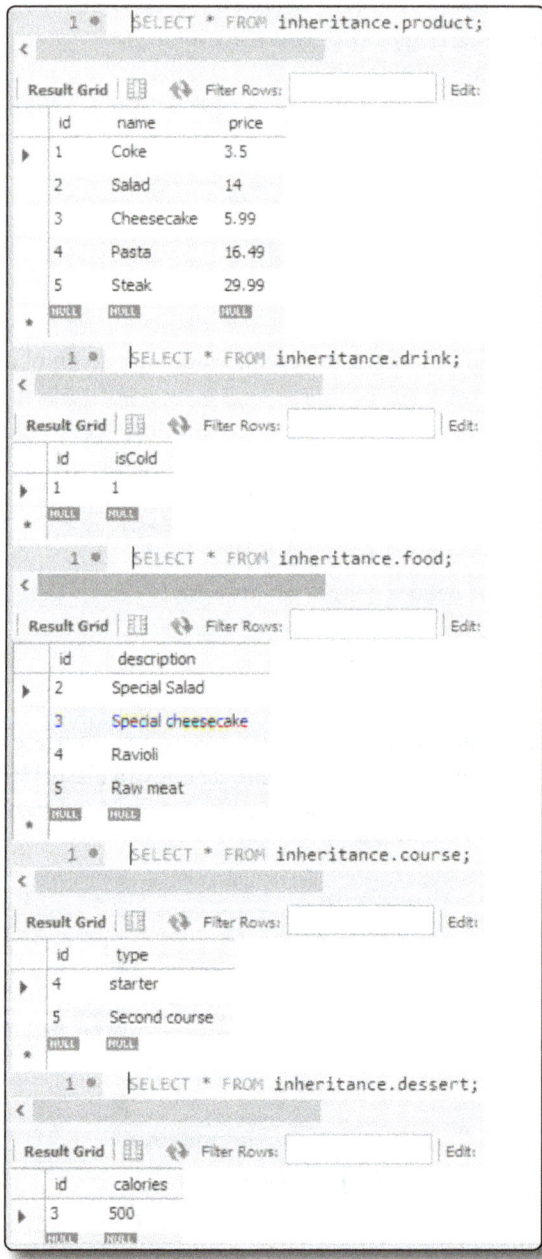

**Figura 3.31.** Contenido mostrado tras las consultas

Como se ve en la imagen anterior, los datos comunes de todas las clases se guardan en la tabla *product* y los datos particulares de cada una de las subclases se almacenan en su tabla correspondiente.

Veamos cómo hacer esto mismo con anotaciones.

### 3.6.2.2 UNA TABLA PARA CADA SUBCLASE (JOINS) USANDO ANOTACIONES

Las anotaciones para esta estrategia de herencia también son muy parecidas a las que ya estamos acostumbrados a usar. En nuestra clase base, la clase *Product*, usamos la anotación *@Inheritance*. Para indicar que queremos usar esta estrategia, lo indicamos en el atributo *strategy* de esa anotación con el valor *InheritanceType.JOINED*, de la siguiente forma:

```
@Entity
@Inheritance(strategy = InheritanceType.JOINED)
public abstract class Product implements Serializable {
}
```

Esto es todo lo que debemos hacer en nuestra clase base. El resto de las anotaciones de la clase *Product* son las que ya conocemos.

En las subclases no es necesario que hagamos algo especial en esta estrategia de herencia. Por ejemplo, para la clase *Drink* basta con que la indiquemos de la siguiente forma:

```
@Entity
public class Drink extends Product {
}
```

Simplemente con indicar que *Drink* es una entidad y que extiende de *Product* es suficiente en esta estrategia de herencia. Por tanto no es necesario que en las subclases mantengamos la anotación *@DiscriminatorValue*. El resto de las clases queda exactamente igual, así que no se mostrarán aquí.

Probemos que todo funciona correctamente con el código que hemos estado usando en nuestro método *main*. Comprueba que el resultado obtenido en base de datos es el mismo que con ficheros de mapeo.

Ahora veamos el SQL generado con esta estrategia. Para esto modifiquemos nuestra aplicación para recuperar el primer *Course* que guardamos. Agreguemos esta línea al final del método *main*:

```
genericDAO.selectById(course1.getId(), Course.class);
```

No nos interesa trabajar con la entidad recuperada, solo ver el SQL generado por Hibernate para recuperarla:

```sql
select course0_.id as id1_4_0_, course0_2_.name as
name2_4_0_, course0_2_.price as price3_4_0_, course0_1_.
description as descript1_3_0_, course0_.type as type1_0_0_
from
 Course course0_ inner join Food course0_1_ on course0_.
id=course0_1_.id
 inner join Product course0_2_ on course0_.id=course0_2_.id
where course0_.id=?
```

Podemos observar que, efectivamente, se crea un *join* para unir cada una de las tres tablas que forman la jerarquía de *Course*, que en este caso son *Course*, *Food* y *Product*. Sin embargo en este caso nosotros indicamos a qué clase pertenece la instancia que queremos recuperar (con *Course.class*). ¿Pero qué ocurriría si no sabemos exactamente a cuál de las subclases de *Product* pertenece la entidad? En ese caso nuestro código tendría que ser así:

```java
new GenericDAO<Product>().selectById(course1.getId(),
Product.class);
```

Ahora no estamos seguros de a qué clase pertenece el objeto que queremos recuperar (nosotros sabemos que buscamos un *Course*, pero Hibernate solo sabe que busca una subclase de *Product*). Por lo tanto, si ejecutamos la aplicación de esta forma, Hibernate genera la siguiente consulta para saber qué clase recuperar:

```sql
select product0_.id as id1_4_0_, product0_.name as
name2_4_0_, product0_.price as price3_4_0_, product0_1_.
isCold as isCold1_2_0_, product0_2_.description as
descript1_3_0_, product0_3_.type as type1_0_0_, product0_4_.
calories as calories1_1_0_,
 case
  when product0_3_.id is not null then 3
  when product0_4_.id is not null then 4
  when product0_1_.id is not null then 1
  when product0_2_.id is not null then 2
  when product0_.id is not null then 0
 end as clazz_0_
from Product product0_
 left outer join Drink product0_1_ on product0_.
id=product0_1_.id
 left outer join Food product0_2_ on product0_.
id=product0_2_.id
```

```
    left outer join Course product0_3_ on product0_.
id=product0_3_.id
    left outer join Dessert product0_4_ on product0_.
id=product0_4_.id
where product0_.id=?
```

Ahora la consulta es compleja, y cuantas más entidades tengamos más compleja se volverá. Es por eso que esta estrategia es muy lenta si tenemos consultas en las que no sabemos el tipo concreto de la clase que buscamos, solo la clase base. A estas consultas se les conoce como *Polimórficas*.

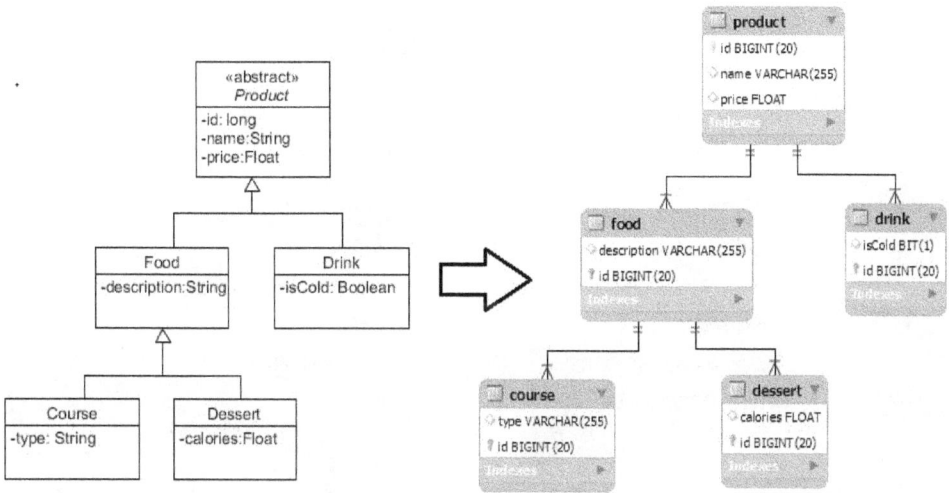

**Figura 3.32.** Representación de jerarquía en una tabla por clase

En esta estrategia no fue necesario usar un discriminador, aunque en caso de que lo quisiéramos agregar también es posible (aunque esto no agiliza las consultas polimórficas). Con esto logramos una mezcla entre las dos estrategias anteriores.

Pasemos a ver la última de las estrategias de herencia que nos proporciona Hibernate.

### 3.6.3 Una tabla por cada clase concreta (uniones)

Esta última estrategia podría parecer la más extraña ya que en este caso se generará una tabla por cada una de las entidades no-abstractas que tenga nuestra aplicación (en este caso NO se generará una tabla para *Product*). Sin embargo cada tabla tendrá una columna para cada uno de los atributos de la clase de la entidad que almacena, propios y heredados. O sea, que la tabla mantendrá los atributos de la clase que mapea, junto con los atributos que hereda de su clase padre.

En este caso las tablas no están relacionadas de ninguna forma, por lo que terminaremos con un conjunto de tablas independientes unas de otras.

El esquema de la base de datos en esta ocasión quedará de la siguiente forma:

**Figura 3.33.** Modelo relacional para aplicar la tercera estrategia

Como vemos, ahora no hay ninguna tabla para *Product*, sin embargo las tablas de *drink* y *food* tienen las columnas *name* y *price* que son atributos de *Product*, además de las columnas para sus propios atributos. De la misma forma *course* y *dessert* tienen columnas para los atributos de *food*, además de columnas para sus atributos propios. Además, estas tablas no tienen relación una con otra de ninguna forma.

Esta estrategia tiene la ventaja de que no es necesario hacer un grupo de *joins* para obtener todos los datos de una entidad, lo que nuevamente nos funciona si haremos consultas SQL a mano.

Ahora veamos cómo usar esta estrategia en nuestras aplicaciones.

### 3.6.3.1 UNA TABLA POR CLASE CONCRETA USANDO ARCHIVOS DE MAPEO

En esta estrategia la clase base no necesita cambiar mucho. Por lo que el mapeo de clase *Product* queda de forma simple. En este caso en el mapeo de la clase *Product* (la cual recordemos que es abstracta) debemos indicar de forma explícita que estamos mapeando una clase abstracta, con el atributo *abstract* en la declaración de clase. En esta ocasión no usamos el atributo *table* en este elemento. Estas dos cosas son para que no se genere una tabla para las tablas abstractas ya que, como es lógico, estas tablas solo estarían ocupando espacio en la base de datos ya que nunca se usarían.

```xml
<?xml version="1.0"?>
<!DOCTYPE hibernate-mapping PUBLIC
"-//Hibernate/Hibernate Mapping DTD 3.0//EN"
"http://hibernate.sourceforge.net/hibernate-mapping-3.0.dtd">
<hibernate-mapping>
<classname="org.sistema.hibernate .inheritance.
tableperconcreteclassmappings.models.Product"
    abstract="true">
    <id name="id">
       <generator class="assigned" />
    </id>
    <property name="name" />
    <property name="price" />
  </class>
</hibernate-mapping>
```

En el mapeo de las subclases, en esta ocasión en vez del elemento *<class>* usaremos *<union-subclass>*. Indicamos en qué tabla se almacenan los datos de esta subclase usando el atributo *table*, y de qué clase extiende usando el atributo *extends*. Por ejemplo en la clase *Drink* el mapeo quedaría de la siguiente forma:

```xml
<?xml version="1.0"?>
<!DOCTYPE hibernate-mapping PUBLIC
"-//Hibernate/Hibernate Mapping DTD 3.0//EN"
"http://hibernate.sourceforge.net/hibernate-mapping-3.0.dtd">
<hibernate-mapping>
   <union-subclass
      name="org.sistema.hibernate .inheritance.
tableperconcreteclassmappings.models.Drink"
      table="drink"
      extends="org.sistema.hibernate .inheritance.
tableperconcreteclassmappings.models.Product">
       <property name="isCold" />
   </union-subclass>
</hibernate-mapping>
```

El de *Food* quedaría de esta forma:

```xml
<?xml version="1.0"?>
<!DOCTYPE hibernate-mapping PUBLIC
"-//Hibernate/Hibernate Mapping DTD 3.0//EN"
"http://hibernate.sourceforge.net/hibernate-mapping-3.0.dtd">
<hibernate-mapping>
   <union-subclass
      name="org.sistema.hibernate .inheritance.tableperconcreteclassmappings.models.Food"
      table="food"
      extends="org.sistema.hibernate .inheritance.tableperconcreteclassmappings.models.Product">
      <property name="description" />
   </union-subclass>
</hibernate-mapping>
```

El mapeo de *Course* queda así:

```xml
<?xml version="1.0"?>
<!DOCTYPE hibernate-mapping PUBLIC
"-//Hibernate/Hibernate Mapping DTD 3.0//EN"
"http://hibernate.sourceforge.net/hibernate-mapping-3.0.dtd">
<hibernate-mapping>
   <union-subclass
      name="org.sistema.hibernate .inheritance.tableperconcreteclassmappings.models.Course"
      table="course"
      extends="org.sistema.hibernate .inheritance.tableperconcreteclassmappings.models.Food">
      <property name="type" />
   </union-subclass>
</hibernate-mapping>
```

Y el de la clase *Dessert* queda de la siguiente forma:

```xml
<?xml version="1.0"?>
<!DOCTYPE hibernate-mapping PUBLIC
"-//Hibernate/Hibernate Mapping DTD 3.0//EN"
"http://hibernate.sourceforge.net/hibernate-mapping-3.0.dtd">
<hibernate-mapping>
   <union-subclass
      name="org.sistema.hibernate. .inheritance.tableperconcreteclassmappings.models.Dessert"
      table="dessert"
      extends="org.sistema.hibernate. .inheritance.tableperconcreteclassmappings.models.Food">
      <property name="calories" />
   </union-subclass>
</hibernate-mapping>
```

Probemos que la configuración ha quedado bien usando el mismo *main* de los últimos ejemplos.

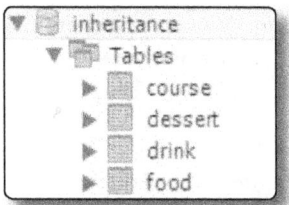

**Figura 3.34.** Clases generadas

Como vemos, solo se crearon tablas para las entidades no abstractas de nuestra aplicación. Ahora veamos los datos que contiene cada una de estas tablas:

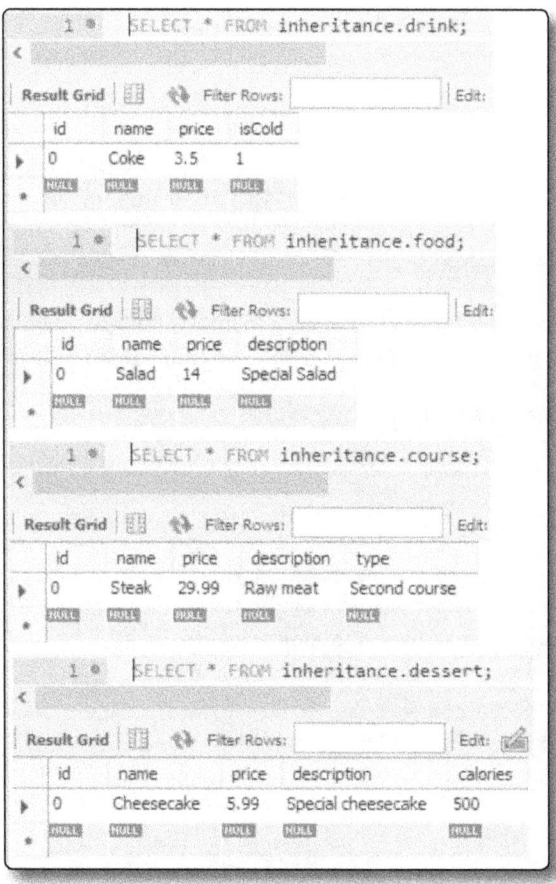

**Figura 3.35.** Contenido de las clases tras ejecutar las consultas

### 3.6.3.2 UNA TABLA POR CLASE CONCRETA USANDO ANOTACIONES

En esta estrategia nuevamente hacemos uso de la anotación *@Inheritance* en la clase base (en este caso *Product*) para indicar el mecanismo de herencia que queremos usar. En este caso colocaremos en su atributo *strategy* el valor *InheritanceType.TABLE_PER_CLASS*, de la siguiente forma:

```java
@Entity
@Inheritance(strategy = InheritanceType.TABLE_PER_CLASS)
public abstract class Product implements Serializable {
}
```

Lo que sigue es indicar cuál de los atributos de la clase servirá como identificador. Igual que ocurre en el caso de usar archivos de mapeo, en esta ocasión no podemos usar el valor *GenerationType.IDENTITY* como la estrategia de generación del identificador. De hecho en esta ocasión el único valor que podemos elegir es:

```
GenerationType.TABLE
```

Este tipo de generación lo que hace es crear una tabla especial para generar los identificadores (una especie de secuencia) por lo que en nuestra base de datos terminaremos con una tabla de más.

Fuera de esta pequeña diferencia el resto del código de nuestra clase no tiene ninguna otra particularidad. La clase *Product* se muestra a continuación:

```java
package org.sistema.hibernate.tableperconcreteclassannotations.models;

import java.io.Serializable;

import javax.persistence.Entity;
import javax.persistence.GeneratedValue;
import javax.persistence.GenerationType;
import javax.persistence.Id;
import javax.persistence.Inheritance;
import javax.persistence.InheritanceType;

/**
 * Represents a product from a restaurant or bar
 * @author Eugenia Pérez Martínez
 * @email eugenia_perez@cuatrovientos.org
```

```
*/
@Entity
@Inheritance(strategy = InheritanceType.TABLE_PER_CLASS)
public abstract class Product implements Serializable {

   @Id
   @GeneratedValue(strategy = GenerationType.TABLE)
   private Long id;
   private String name;
   private Float price;

/**
   * constructor, getters/setters, toString(),…
   */
}
```

El código de las subclases es simple. Utilizaremos la clase *Drink* como ejemplo, ya que el resto son similares:

```
package org.sistema.hibernate.
tableperconcreteclassannotations.models;

import javax.persistence.Entity;

/**
 * Represents a drink
 *
 * @author Eugenia Pérez Martínez
 * @email eugenia_perez@cuatrovientos.org
 */
@Entity
public class Drink extends Product {

   private Boolean isCold;

/**
   * constructor, getters/setters, toString(),…
   */
}
```

Ahora, probemos que nuestra aplicación funciona usando nuevamente el mismo código en nuestro método *main*. Al ejecutar nuestra aplicación podemos ver que se generan las siguientes tablas:

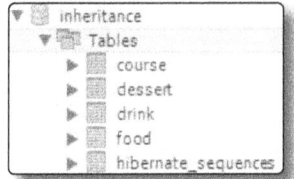

**Figura 3.36.** Tablas generadas

En la imagen anterior podemos ver que se generó, además de las tablas esperadas, una tabla llamada *hibernate_sequences*. Esta tabla es la que se usa para generar los identificadores de cada una de las subclases de *Product* que guardemos en la base de datos. Ahora veamos los datos almacenados en cada una de nuestras tablas:

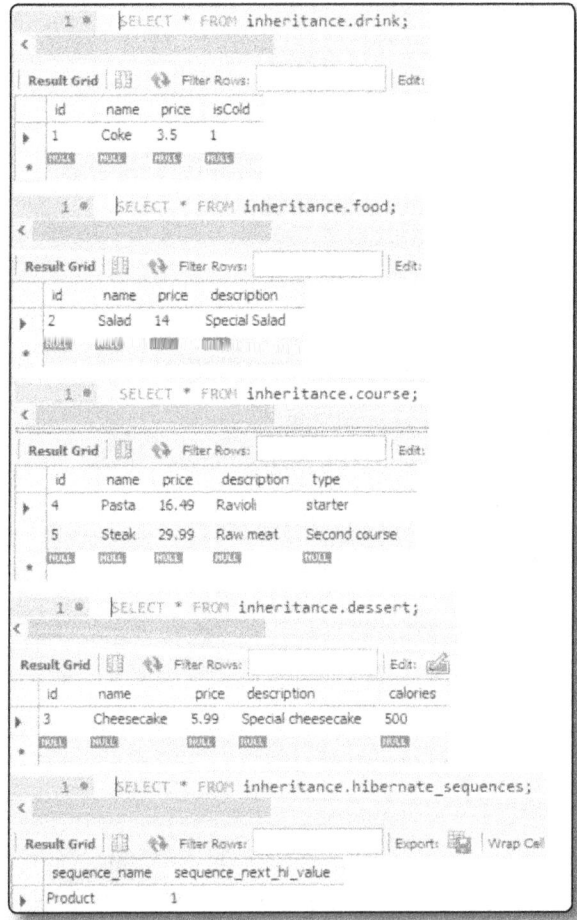

**Figura 3.37.** Contenido resultante tras ejecutar las consultas

Podemos ver que, nuevamente, los datos se han almacenado correctamente y que todo ha salido como lo planeamos.

Veamos, solo por curiosidad, nuevamente el SQL generado por Hibernate en las consultas polimórficas. Si intentamos recuperar una instancia de la clase *Course* usando la siguiente línea al final del código anterior:

```
genericDAO.selectById(course1.getId(), Course.class);
```

Hibernate genera el siguiente SQL:

```
select course0_.id as id1_4_0_, course0_.name as name2_4_0_,
course0_.price as price3_4_0_, course0_.description as
descript1_3_0_, course0_.type as type1_0_0_
from
  Course course0_ where course0_.id=?
```

Como podemos ver no hay ningún problema, pedimos un *Course* e Hibernate lo busca en la tabla *course*. ¿Pero qué ocurre si no sabemos a qué clase pertenece nuestra entidad? En ese caso tendríamos que usar la siguiente línea:

```
new GenericDAO<Product>().selectById (course1.getId(),
Product.class);
```

Con lo que Hibernate generará la siguiente consulta:

```
select product0_.id as id1_4_0_, product0_.name as
name2_4_0_, product0_.price as price3_4_0_, product0_.isCold
as isCold1_2_0_, product0_.description as descript1_3_0_,
product0_.type as type1_0_0_, product0_.calories as
calories1_1_0_, product0_.clazz_ as clazz_0_
from (
  select id, name, price, null as isCold, description, type,
null as calories, 3 as clazz_ from Course
  union
  select id, name, price, null as isCold, description, null as
type, calories, 4 as clazz_ from Dessert
  union
  select id, name, price, isCold, null as description, null as
type, null as calories, 1 as clazz_ from Drink
  union
  select id, name, price, null as isCold, description, null as
type, null as calories, 2 as clazz_
  from Food ) product0_
where product0_.id=?
```

Como podemos ver, Hibernate tiene que buscar, nuevamente, a qué clase pertenece el objeto en todas las tablas para la jerarquía de clases. Esto hará nuestras consultas muy lentas en caso de que dicha jerarquía tenga muchas clases.

Hemos podido ver cómo usar las tres estrategias de herencia que Hibernate nos proporciona y las ventajas y desventajas de algunas de ellas. Aunque no es necesario que usemos solo una estrategia en nuestras aplicaciones, podemos mezclarlas en la forma que más nos convenga para sacarles el mayor provecho.

Para terminar este punto comentamos algunos consejos de cómo elegir una estrategia de herencia para sus aplicaciones.

### 3.6.4 Eligiendo una estrategia de herencia

Si no requerimos asociaciones o consultas polimórficas, lo mejor será elegir "una tabla por clase concreta"; en otras palabras, si nunca o rara vez haremos una consulta buscando con la clase base (como "Producto"), entonces esta estrategia es ideal, ya que solo buscaremos en una tabla de nuestra base de datos.

Si requerimos asociaciones o consultas polimórficas y nuestras subclases declaran pocos atributos (esto puede ser debido a que la diferencia principal entre las subclases sea el comportamiento), entonces lo mejor será elegir "una tabla para la jerarquía de clases".

Finalmente, si requerimos asociaciones polimórficas y nuestras subclases declaran muchos atributos distintos entonces la mejor estrategia será "una tabla por subclase". O dependiendo de la profundidad de la jerarquía de herencia y el posible coste de los *joins* contra las uniones, podríamos elegir "una tabla por clase concreta".

Por defecto podemos elegir "una tabla por jerarquía de clases" para problemas simples, y en casos más complejos elegir alguna de las otras dos estrategias, o considerar modificar nuestro modelo de datos.

# 4

# GESTIÓN DE OBJETOS PERSISTENTES

Hibernate dispone de varias maneras de realizar consultas para recuperar información de las bases de datos. Existen fundamentalmente tres, que veremos a continuación:

- **Criteria**, es decir, la API que permite la creación de consultas orientadas a objetos.

- **HQL (Hibernate Query Language)**, el lenguaje de consultas de Hibernate orientado a objetos.

- **SQL nativo**, forma tradicional de creación de *queries*.

## 4.1 SOLICITUD DE OBJETOS CON CRITERIOS

Hibernate dispone de una API de consultas por criterios muy extensible, que permite realizar consultas sin necesidad de escribir código SQL. Las principales ventajas son:

- El código resultante es limpio y fácil de entender.

- Nos podemos aprovechar del soporte del IDE para programar las consultas (autocompletados y documentación).

- Nos aseguramos de que el código SQL que se envía a la base de datos sea compatible con el SGBD que hayamos especificado en el archivo *hibernate.cfg.xml*. Además, si en un momento dado tuviéramos que cambiar de proveedor, el código generado por Hibernate seguiría funcionando correctamente.

### 4.1.1 Creación de query básica

Mediante la interfaz *org.hibernate.Criteria* se pueden crear consultas contra una clase Java persistente en concreto. Adicionalmente el objeto *Session* desarrolla una factoría de instancias de tipo *Criteria*.

```
Criteria criteria = session.createCriteria(User.class);
```

Ahora es posible realizar operaciones para retorno de un conjunto de resultados:

```
List users = criteria.list();
```

O bien obtener un único resultado:

```
criteria.setMaxResults(1);
User user =(User)criteria.uniqueResult();
```

## 4.2 RESTRICCIONES CON CRITERIA

La clase *org.hibernate.criterion.Restrictions* ofrece una serie de métodos que permiten establecer condiciones o filtrados sobre los criterios individuales de consultas (estos en realidad son instancias de la clase *Criterion*, de la interfaz *org.hibernate.criterion.Criterion*).

Mediante el método *add()* se permite añadir restricciones. Es posible realizar diversas comparaciones en función del operador utilizado:

- eq, lt, le, gt, ge
- like, between
- isNull, isNotNull

```
Criteria criteria = session.createCriteria(Company.class)
  .add(Restrictions.lt("monthlyActiveUsers", 35000));

List users = session.createCriteria(User.class)
  .add( Restrictions.like("name", "Luis%") )
  .add( Restrictions.between("age", minAge, maxAge) )
  .list();
```

Las restricciones pueden agruparse y anidarse:

```
List users = sess.createCriteria(User.class)
  .add( Restrictions.gt("fee", 35 ) )
  .add( Restrictions.or(
    Restrictions.eq( "clientId", 2 ),
    Restrictions.isNull("clientId ")
  ) )
  .list();
```

Es posible introducir las condiciones lógicas *AND* y *OR* mediante *LogicalExpression*:

```
Criteria criteria = session.createCriteria(User.class);

Criterion salary = Restrictions.ge("salary", 1800);
Criterion username = Restrictions.like("username","eperez%");

// To express OR condition
LogicalExpression orCondition = Restrictions.or(salary,
username);
criteria.add(orCondition);
// To express AND condition
LogicalExpression andCondition = Restrictions.and(salary,
username);
criteria.add(andCondition);

List users = criteria.list();
```

Existen una serie de criterios ya definidos por defecto por la clase *Restrictions*. No obstante, también existe la posibilidad de construir criterios propios a partir de código SQL:

```
List users = session.createCriteria(User.class)
  .add( Restrictions.sqlRestriction("lower({alias}.username)
like lower(?)", "eperez%", Hibernate.STRING) )
  .list();
```

*{alias}* será reemplazado por el alias de fila de la entidad consultada.

Se puede consultar la lista completa de restricciones en la documentación oficial de Hibernate:

*https://docs.jboss.org/hibernate/orm/4.3/javadocs/*

Es posible establecer criterios a partir de un atributo de la clase a consultar mediante la clase *Property*:

```
Property salary = Property.forName("salary");
List users = session.createCriteria(User.class)
  .add( Restrictions.disjunction()
    .add( salary.isNull() )
    .add(salary.ge(28000) )
  ) )
  .add( Property.forName("city").in( new String[] { "Oviedo", "London", "Manchester" } ) )
  .list();
```

### 4.2.1 Ordenación

Es posible la ordenación de los resultados obtenidos utilizando la clase *org.hibernate.criterion.Order*.

```
List users = session.createCriteria(User.class)
  .add( Restrictions.like("city", "L%")
  .addOrder( Order.asc("city") )
  .addOrder( Order.desc("salary") )
  .list();
```

### 4.2.2 Paginación

*Criteria* permite la paginación de resultados de forma muy sencilla. Por ejemplo que los resultados empiecen en el número 5 y se muestren los 20 siguientes:

```
Criteria criteria = session.createCriteria(User.class);
criteria.setFirstResult(5);
criteria.setMaxResults(20);
```

### 4.2.3 Asociaciones

Es posible relacionar dos o más clases que hagan comparaciones de valores de varias tablas de manera sencilla enlazando llamadas a *createCriteria()*. La asociación puede ser uno a uno, uno a muchos o muchos a uno:

```
Criteria c1 = session.createCriteria(Client.class);
Criteria c2 = c1.createCriteria("products");
C2.add(Restrictions.ge("price",new Double(1000.0)));
List<User> users = c1.list();
```

La segunda llamada a *createCriteria()* devuelve una nueva instancia de *Criteria* que hace referencia a los elementos de la colección de productos de un Cliente. Por tanto, partiendo de la clase *Client* hemos llegado a una colección de *products* existente en dicha clase.

Veamos ahora un método un poco más complejo que realiza una consulta agrupando hasta cuatro tablas. Dicho método lanza una consulta sobre una tabla de usuarios. No obstante, con solo esta tabla no es suficiente, ya que se hacen dos comparaciones por código postal y estatus. Es decir, esta consulta busca todos los usuarios que hayan comprado productos que estén inactivos y además su código postal sea igual a uno recibido como parámetro. Para ello, además de la tabla usuario hacen falta la tabla compras, que está asociada a usuario, los productos, que están asociados a compras, y la dirección, que se relaciona con usuario.

```java
@SuppressWarnings("unchecked")
public List<User> getUsersWithNonActivePurchases(String postcode)
        throws HibernateException {
    List< User> usersList = null;
    try {
        startTransaction();
        usersList = getSession()
            .createCriteria(User.class)
            .createAlias("purchases", "c")
            .createAlias("c.products", "p")
            .createAlias("address", "d")
            .add(Restrictions
                .eq("p.status", Product.Status.INACTIVE))
            .add(Restrictions.eq("d.postalCode", postcode)).
    list();
    } catch (HibernateException he) {
        he.printStackTrace();
        handleException(he);
    } finally {
        endTransaction();
    }
    return usersList;
}
```

## 4.2.4 QBE: Query By Example

Es posible construir un criterio de consulta a partir de una instancia de una clase previamente creada. Para ello se utiliza la clase *org.hibernate.criterion.Example*. Es útil cuando queremos establecer un objeto parcial que pasar al criterio.

```
User user = new User();
user.setAge(30);
user.setOccupation(Profession.PROGRAMMER);
Criteria c1 = session.createCriteria(User.class);
c1.add( Example.create(user) )
List<User> users= c1.list();
```

Por defecto los ID y las asociaciones son ignorados, y las propiedades establecidas *null* son excluidas. También es posible ajustar los ejemplos para la forma en la que se aplica:

```
Example example = Example.create(user)
  .excludeZeroes()        //Excluye propiedades con valor cero
  .excludeProperty("occupation") //Excluye la propiedad "occupation"
  .ignoreCase()    //Las comparaciones no son case-sensitive.
  .enableLike();   //Permite el uso de like para comparaciones textuales
List users = session.createCriteria(User.class)
  .add(example)
  .list();
```

## 4.2.5 Proyecciones, agregación y agrupamiento

Para aplicar una proyección y funciones de agregación a una consulta se debe invocar al método *setProjection()*. Mediante la clase *org.hibernate.criterion.Projections* se puede crear una factoría de instancias de *Projection*.

```
Criteria c1 = session.createCriteria(User.class);
ProjectionList projectionList=Projection.projectionList();
projectionList.add(Projections.rowCount());
projectionList.add(Projections.min("age"));
projectionList.add(Projections.max("age"));
projectionList.add(Projections.avg("age"));
projectionList.add(Projections.countDistinct("name"));
projectionList.add( Projections.groupProperty("occupation"));
c1.setProjection(projectionList);
List<User> user= c1.list();
```

Es posible realizar una agrupación de proyecciones sin tener que declarar explícitamente la cláusula *Group by* de SQL. También se puede asignar un alias a una proyección de manera que luego podamos hacer referencia al mismo para llevar a cabo otro tipo de operaciones. En este ejemplo lo utilizamos para la ordenación de los elementos:

```
List users = session.createCriteria(User.class)
   .setProjection( Projections.alias( Projections.groupProperty("occupation"), "oc" ) )
   .addOrder( Order.desc("oc") )
   .list();
List users = session.createCriteria(User.class)
   .setProjection( Projections.groupProperty("occupation").as("oc") )
   .addOrder( Order.asc("oc") )
   .list();
```

## 4.2.6 Ejemplo práctico

Para el siguiente ejemplo se modelarán entidades producto (*Product*) y sus categorías (*ProductType*). Existirá una relación bidireccional entre las entidades, de tal forma que un producto sea de un tipo determinado y cada tipo tenga un conjunto de productos. Se trata por tanto de una relación 1:1 entre *Product* y *ProductType* y al mismo tiempo de una relación 1:N entre *ProductType* y *Product*.

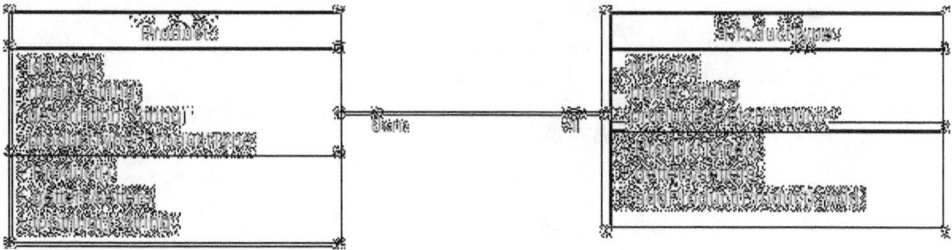

Para abordar dicho ejemplo se crean las clases POJO de *Product* y *ProductType* con los atributos a persistir anotados y métodos *set/get*.

*Product.java*

```java
package org.sistema.hibernate.criteria.models;

import javax.persistence.Entity;
import javax.persistence.JoinColumn;
import javax.persistence.Table;
import javax.persistence.Column;
import javax.persistence.GeneratedValue;
import javax.persistence.Id;
import javax.persistence.ManyToOne;

/**
 * Represents a Product
 * @author Eugenia Pérez
 * @email eugenia_perez@cuatrovientos.org
 */
@Entity
@Table(name="product")
public class Product {

  @Id
  @GeneratedValue
  @Column(name="id")
   private Long id;

  @Column(name="name")
  private String name;

  @Column(name="description")
  private String description;

  @ManyToOne
  @JoinColumn(name="idtype")
  private ProductType productType;

  /**
   * default constructor
   */
  public Product () {

  }

  /**
   * Constructor with parameters
 * @param name
   * @param description
```

```java
 * @param type
 */
public Product(String name, String description, ProductType productType) {
    this.name = name;
    this.description = description;
    this.productType = productType;
}

/**
 * Getters/setters
 */
...
/* (non-Javadoc)
 * @see java.lang.Object#toString()
 */
@Override
public String toString() {
    return "Product [id=" + id + ", name=" + name + ", description="
        + description + "]";
}
}
```

## ProductType.java

```java
package org.sistema.hibernate.criteria.models;

import java.util.HashSet;
import java.util.Set;
import javax.persistence.Column;
import javax.persistence.Entity;
import javax.persistence.FetchType;
import javax.persistence.GeneratedValue;
import javax.persistence.Id;
import javax.persistence.OneToMany;
import javax.persistence.Table;

/**
 * Represents a ProductType
 *
 * @author Eugenia Pérez
 * @email eugenia_perez@cuatrovientos.org
 */
@Entity
@Table(name = "producttype")
public class ProductType {
```

```
    @Id
    @GeneratedValue
    @Column(name = "id")
    private Long id;

    @Column(name = "name")
    private String name;

    @OneToMany(mappedBy = "productType", fetch = FetchType.
EAGER)
    private Set<Product> products = new HashSet<Product>();

    /**
     * default constructor
     */
    public ProductType() {
    }

    /**
     * Constructor with parameters
     * @param name
     */
    public ProductType(String name) {
        this.name = name;
    }

    /**
     * Getters/setters
     */
    ...
}
```

Como se puede observar ambas son clases simples con sus anotaciones para indicar cuál es su atributo identificador y mostrar algunos atributos más. Además vemos que muestra las anotaciones que indican las relaciones que tienen con las otras entidades.

La relación uno a muchos que *ProductType* guarda con *Product* se representa mediante la anotación *@OneToMany*. Adicionalmente la relación de muchos a uno entre *Product* y *ProductType* es representada mediante la anotación *@ManyToOne* en el atributo *productType*.

Se ha colocado el valor *FetchType.EAGER* al atributo *fetch* ya que será necesario que en el momento de recuperar un tipo de producto se recuperen de forma automática todos los productos que son de ese tipo.

Por lo tanto, gracias al mapeo de relaciones bidireccionales, si conocemos los datos de un tipo de producto obtendremos todos los productos y en caso de recuperar el producto tendremos su tipo.

A continuación también se presenta el fichero de configuración de Hibernate:

```xml
<session-factory>

    <!-- Database connection settings -->
    <property name="connection.driver_class">com.mysql.jdbc.Driver</property>
    <property name="connection.url">jdbc:mysql://localhost:3306/criteriadb</property>
    <property name="connection.username">root</property>
    <property name="connection.password"></property>

    <!-- JDBC connection pool -->
    <property name="connection.pool_size">1</property>

    <!-- SQL dialect -->
    <property name="dialect">org.hibernate.dialect.MySQLDialect</property>

    <!-- Enable Hibernate's automatic session context management -->
    <property name="current_session_context_class">thread</property>

    <!-- Disable the second-level cache -->
    <property name="cache.provider_class">org.hibernate.cache.NoCacheProvider</property>

    <!-- Echo all executed SQL to stdout -->
    <property name="show_sql">false</property>

    <!--How to manage the tables of the database-->
    <property name="hbm2ddl.auto">create-drop</property>

    <!-- Here comes the mapping using annotations in a java class -->
    <mapping class="org.sistema.hibernate.criteria.models.Product" />
    <mapping class="org.sistema.hibernate.criteria.models.ProductType" />

</session-factory>
```

Se utiliza el DAO genérico (*GenericDAO*) de los ejemplos anteriores para gestionar las operaciones CRUD sobre las dos entidades. Además, se crea un DAO para gestionar operaciones específicas de los tipos de productos, que a su vez extenderá del *GenericDAO*. Dichas operaciones específicas son las siguientes:

▼ Seleccionar una serie de tipos de productos dado un subconjunto de ID:

```
public List<ProductType> selectIdRange(Long firstId, Long lastId)
```

▼ Seleccionar la lista de tipos de producto que comienzan por un prefijo dado:

```
public List<ProductType> selectNamePrefix(String prefix)
```

▼ Seleccionar los tipos de producto que contienen un nombre de producto específico:

```
public List<ProductType> selectProductName(String productName)
```

A continuación se desarrolla la clase indicada:

```java
package org.sistema.hibernate.criteria.dao;

import java.util.List;
import org.hibernate.Criteria;
import org.hibernate.criterion.Restrictions;
import org.sistema.hibernate.criteria.HibernateSession;
import org.sistema.hibernate.criteria.models.ProductType;

/**
 * Implementation of productTypeDAOInterface
 *
 * @author Eugenia Pérez
 * @email eugenia_perez@cuatrovientos.org
 *
 */
public class ProductTypeDAO extends GenericDAO {

    /**
     * Retrieves all product types between a range of two ids.
     *
```

```java
     * @return List of products
     */
    public List<ProductType> selectIdRange(Long firstId, Long
lastId) {
        session = HibernateSession.getSession();

        List<ProductType> productTypes = session
            .createCriteria(ProductType.class)
            .setResultTransformer(Criteria.DISTINCT_ROOT_ENTITY)
            .add(Restrictions.between("id", firstId, lastId)).list();

        session.close();
        return productTypes;
    }

    /**
     * Retrieves all products begining with a given prefix
     *
     * @return List of products
     */
    public List<ProductType> selectNamePrefix(String prefix) {
        session = HibernateSession.getSession();

        List<ProductType> productTypes = session
            .createCriteria(ProductType.class)
            .setResultTransformer(Criteria.DISTINCT_ROOT_ENTITY)
            .add(Restrictions.like("name", prefix + "%")).list();

        session.close();
        return productTypes;
    }

    /**
     * Selects the type of product for a specific product name.
     * @param productName
     * @return
     */
    public List<ProductType> selectProductName(String productName) {
        session = HibernateSession.getSession();

        List<ProductType> productTypes = session
            .createCriteria(ProductType.class).
```

```
            createAlias("products", "p")
                .add(Restrictions.like("p.name", "%" + productName + "%"))
                .list();

            session.close();
            return productTypes;
        }

    }
```

Como en ocasiones anteriores, se hace uso de una clase *HibernateSession* que nos provea de una instancia de *SessionFactory* a fin de tener una instancia de *Session* en los DAO. Finalmente, se realizan las pruebas de las operaciones CRUD más las operaciones específicas indicadas en el método *Main*:

```
        /**
         * Main function to load the products and manage them.
         * @param args
         */
        public static void main(String[] args) {

            GenericDAO<Product> productDAO = new GenericDAO<Product>();
            ProductTypeDAO productTypeDAO = new ProductTypeDAO();

            // Insert new data
            ProductType productType = new ProductType("Luxurious");
            productTypeDAO.insert(productType);
            Product product1 = new Product("Angulas", "Angulas de Aginaga",
                    productType);
            productDAO.insert(product1);
            System.out.println("Inserted id: " + product1.getId());
            Product product2 = new Product("Caviar", "Caviar
        Beluga", productType);
            productDAO.insert(product2);
            System.out.println("Inserted id: " + product2.getId());

            System.out.println("\nShow data after new insert");
            showAllProducts(productDAO.selectAll(Product.class));

            // Select just one
            Product oneProduct = productDAO.selectById(11, Product.class);
            System.out.println("Selected Name: " + oneProduct.getName());
```

```
        // Select ProductType with criteria
        System.out.println("Show all product types between an id range:");
        System.out.println("Total products types: " + productTypeDAO.
selectIdRange(11, 51).size());
        System.out.println("Show all product types with a given prefix");
        showAllProductTypes(productTypeDAO.selectNamePrefix("L"));
        System.out.println("Show all product types whose product names
contains a given String");
        showAllProductTypes(productTypeDAO.
selectProductName("angulas"));

        // Update data
        product1.setName("Queso Cabrales");
        productDAO.update(product1);

        // Select all products and product types
        System.out.println("\nShow data after update");
        showAllProducts(productDAO.selectAll(Product.class));
        showAllProductTypes(productTypeDAO.
selectAll(ProductType.class));

        // Delete data
        productDAO.delete(product1);

        System.out.println("\nShow data after deletion");
        showAllProducts(productDAO.selectAll(Product.class));

    }
```

Se comprueba que el resultado mostrado por consola es el esperado:

```
Inserted id: 1
Inserted id: 2

Show data after new insert
--- Products ----- table contents -----------
Id: 1 - Name: Angulas - Type: Luxurious
Id: 2 - Name: Caviar  - Type: Luxurious
Total products: 2
```

**Selected Name with ID 1:** Angulas

**All product types between an id range:**
Total products types: 1

**Show all product types with a given prefix**
--- ProductsTypes ----- table contents -----------
Id: 1 - Name: Luxurious - Products:
[Product [id=2, name=Caviar, description=Caviar Beluga],
Product [id=1, name=Angulas, description=Angulas de Aginaga]]

Total products types: 1

**Show all product types whose product names contains a given String**
--- ProductsTypes ----- table contents -----------
Id: 1 - Name: Luxurious - Products:
[Product [id=1, name=Angulas, description=Angulas de Aginaga], Product [id=2, name=Caviar, description=Caviar Beluga]]

Total products types: 1

**Show data after update**
--- Products ----- table contents -----------
Id: 1 - Name: Queso Cabrales - Type: Luxurious
Id: 2 - Name: Caviar - Type: Luxurious
Total products: 2

--- ProductsTypes ----- table contents -----------
Id: 1 - Name: Luxurious - Products:
[Product [id=1, name=Queso Cabrales, description=Angulas de Aginaga], Product [id=2, name=Caviar, description=Caviar Beluga]]

Total products types: 1

**Show data after deletion**
--- Products ----- table contents -----------
Id: 2 - Name: Caviar - Type: Luxurious
Total products: 1

## 4.3 SOLICITUD DE OBJETOS CON LENGUAJES DE CONSULTA

HQL o *Hibernate Query Language* es el potente lenguaje de consultas propio de Hibernate. A diferencia del SQL estándar, este lenguaje es completamente orientado a objetos, lo cual permite potenciar al máximo las ventajas de dicho paradigma, admitiendo las referencias a nombres de clases y atributos, y características tales como herencia, polimorfismo o asociaciones entre clases. Las consultas en HQL se realizan de manera transparente al usuario, que únicamente debe conocer la jerarquía de objetos y las características del modelo, mientras que el motor de Hibernate será el encargado de convertirlas al SQL propio de cada SGBD con el que estemos trabajando.

Las palabras reservadas de las cláusulas de HQL son *case-insensitive*, sin embargo es preciso respetar tanto los nombres de las clases como sus propiedades tal y como se encuentran escritas. Recordemos que estamos trabajando con objetos y clases Java, y estas se nombran en mayúscula.

Un error muy típico cuando se comienza a desarrollar consultas con HQL es hacer referencia a los registros de la tabla y no a la propia clase. Por ejemplo, para recuperar los nombres de usuario de los usuarios almacenados, sería un error hacer referencia a la tabla en la cláusula FROM y a sus columnas mediante SELECT, como suele ser habitual:

```
SELECT u.col_username FROM users u…
```

En su lugar debemos referirnos al nombre de la clase y a sus atributos:

```
SELECT u.username FROM org.sistema.hibernate.hql.models.User u…
```

Es posible omitir el nombre del paquete:

```
SELECT u.username FROM User u…
```

### 4.3.1 Características de HQL

Entre las características más relevantes de HQL destacan:

- ▼ **Curva de aprendizaje reducida**, dado su gran parecido con SQL.

- ▼ **Fácil gestión de las operaciones y los resultados**, gracias a que es posible representar las consultas en forma de clases y atributos, también retorna la información de las consultas en forma de objetos, más fáciles de procesar.

▼ **Permite expresar consultas polimórficas**, siendo Hibernate el que gestiona los objetos adecuados a las subclases de forma automática en una relación jerárquica.

▼ **Soporte para características avanzadas**, como paginación, *fetch joins* con perfiles dinámicos, *inner* y *outer joins*, etc.

Para empezar a conocer las sentencias de HQL podemos utilizar el *plugin* de Hibernate Tools integrado para el IDE Eclipse. Este editor nos permitirá ejecutar directamente dichas consultas.

Adicionalmente, para ilustrar las operaciones de HQL a continuación, se utilizará el modelo de dominio del ejemplo práctico del apartado anterior, es decir, las categorías y sus productos. La base de datos la nombraremos como *hqldb*.

### Configurando Eclipse

Mediante el Workbench de configuración de MySQL se creará la base de datos *hqldb* mencionada antes. Al ejecutar la aplicación se generan las dos tablas relativas a los productos (*product*) y a las categorías (*producttype*). No obstante, se adjunta el *script* de creación de la BD:

```
CREATE DATABASE IF NOT EXISTS `hqldb`;
USE `hqldb`;

DROP TABLE IF EXISTS `producttype`;
CREATE TABLE `producttype` (
 `id` bigint(20) NOT NULL AUTO_INCREMENT,
 `name` varchar(255) DEFAULT NULL,
 PRIMARY KEY (`id`)
) ENGINE=InnoDB AUTO_INCREMENT=2 DEFAULT CHARSET=latin1;

INSERT INTO `producttype` VALUES (1,'Luxurious');
INSERT INTO `producttype` VALUES (2,'Electronics');
INSERT INTO `producttype` VALUES (3,'Cosmetics');

DROP TABLE IF EXISTS `product`;
CREATE TABLE `product` (
 `id` bigint(20) NOT NULL AUTO_INCREMENT,
 `description` varchar(255) DEFAULT NULL,
 `name` varchar(255) DEFAULT NULL,
 `idtype` bigint(20) DEFAULT NULL,
 PRIMARY KEY (`id`),
 KEY `FK_idtype` (`idtype`),
 CONSTRAINT `FK_idtype` FOREIGN KEY (`idtype`) REFERENCES `producttype` (`id`)
) ENGINE=InnoDB AUTO_INCREMENT=3 DEFAULT CHARSET=latin1;
```

```
INSERT INTO `product` VALUES (1,'Angulas de
Aginaga','Angulas',1),
(2,'Caviar Beluga','Caviar',1),(3,'Samsung
Galaxy','Smartphone',2),
(4,'LG Smart TV','Monitor',2),(5,'Professional Makeup
tools','Makeup',3);
```

A continuación desde **Window** > **Open Perspective** > **Hibernate**:

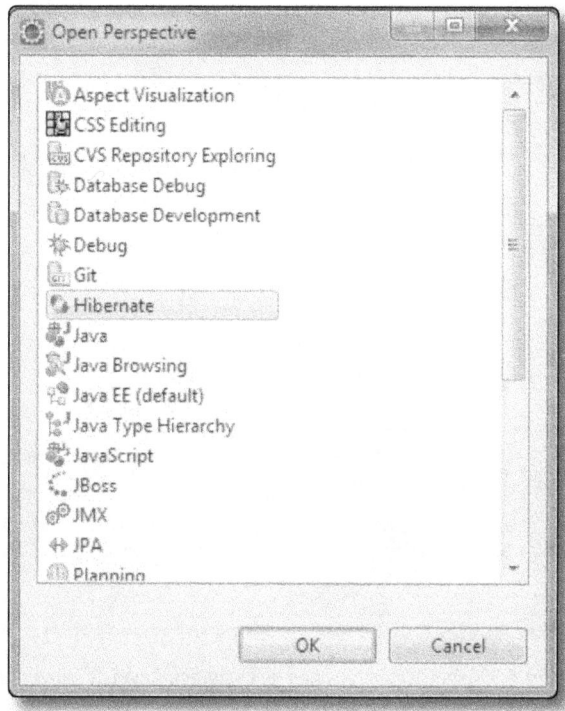

**Figura 4.1.** Configurando la perspectiva de Hibernate

En la parte izquierda de la pantalla aparecerá un panel *Hibernate Configuration*:

**Figura 4.2.** Añadiendo una nueva configuración a la vista Hibernate

En ese panel se pulsa el botón + para crear una nueva configuración. Aparecerá una ventana como la siguiente:

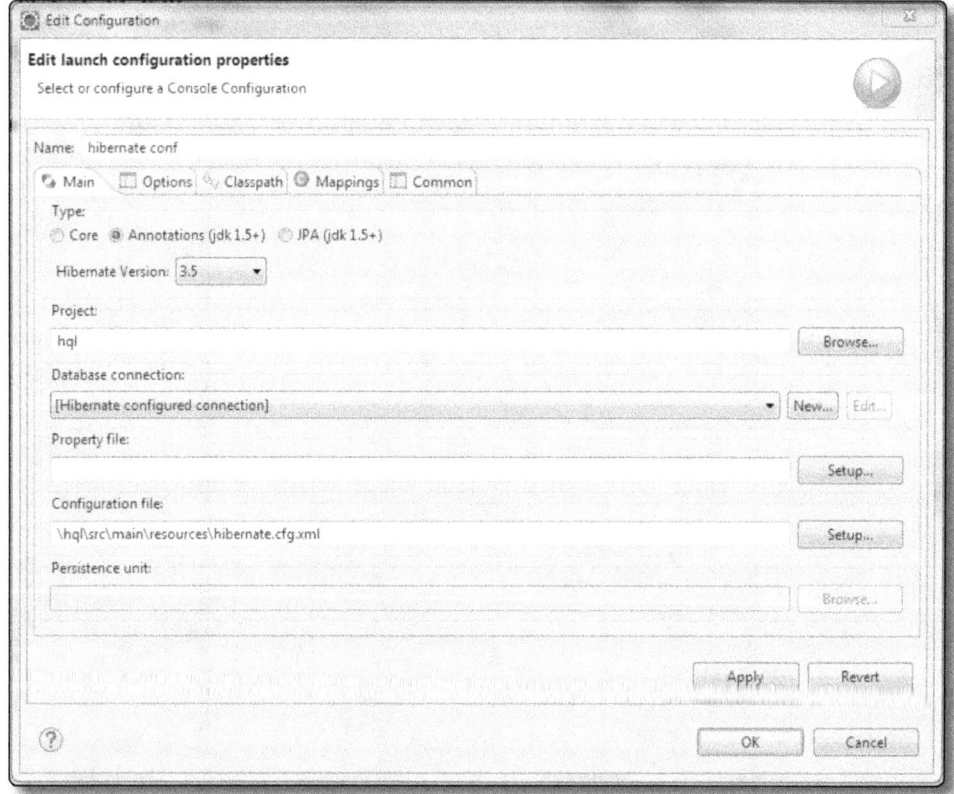

**Figura 4.3.** Asistente de creación de la configuración de Hibernate

En ella se deben seleccionar los siguientes parámetros:

- ▼ Nombre: nombre que le daremos a la configuración. Introduciremos el que queramos.

- ▼ Tipo: ya que estamos utilizando anotaciones en este proyecto, debemos seleccionar **Annotations**.

- ▼ Proyecto: seleccionamos el proyecto sobre el que estamos trabajando.

- ▼ Fichero de configuración: seleccionamos el fichero *hibernate.cfg.xml* de nuestro proyecto.

Se pulsa finalmente **OK** y aparecerá en el panel de la izquierda el siguiente árbol.

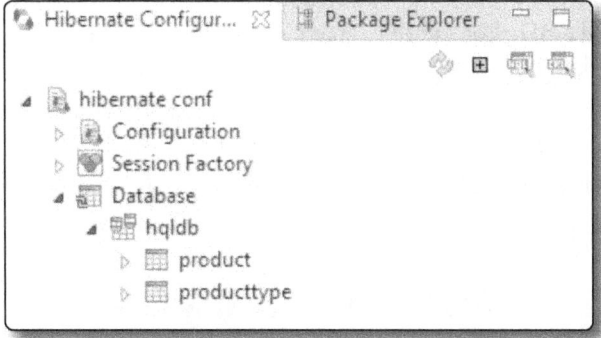

**Figura 4.4.** Vista de la configuración creada

Ahí podemos ver la base de datos que hemos creado en MySQL previamente. Lo mejor de esta vista es que podemos ejecutar consultas HQL directamente contra la base de datos. Para ello pulsamos con el botón izquierdo del ratón en la raíz del árbol y seleccionamos la opción **HQL Editor**. Aparecerá la siguiente ventana:

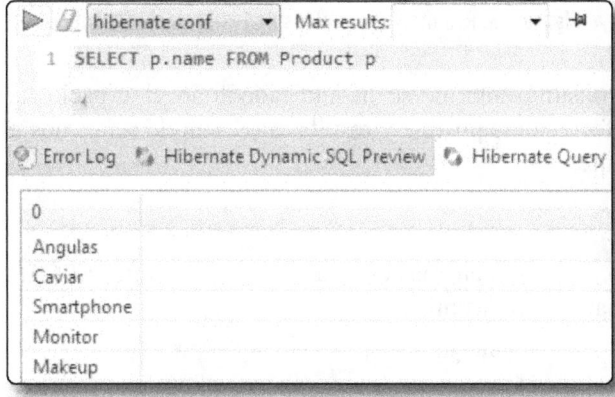

**Figura 4.5.** Consola de HQL Editor

En ella podemos introducir sentencias HQL como la que se muestra.

A partir de las entidades presentadas se exponen las distintas cláusulas más comunes de HQL.

### 4.3.2 La cláusula FROM

Es equiparable a la cláusula *SELECT* * de SQL, de tal forma que devuelve todas las instancias de la clase indicada a continuación del *FROM*, que se encuentren almacenadas en la BD. Por ejemplo, para recuperar todos los productos que estén almacenados en la BD:

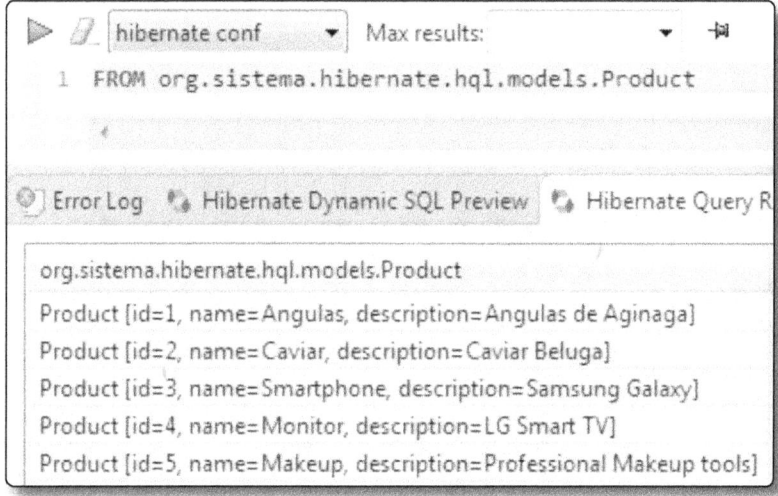

**Figura 4.6.** Resultado de la cláusula FROM en el HQL Editor

En la consulta anterior se ha indicado todo el espacio de nombres, sin embargo es perfectamente posible y resulta más cómodo referirnos al nombre de la clase directamente:

**FROM** Product

En caso de introducir más de una entidad detrás del *FROM* se realizará un producto cartesiano entre las mismas:

**FROM** Product, ProductType

Para referirnos a los atributos de las clases en otras partes de las consultas debemos hacerlo a través de un alias previamente asignado a cada objeto (si nos referimos directamente al objeto se lanzará una excepción):

**FROM** Product p **WHERE** p.id=1

O bien utilizando la palabra reservada *as*:

**FROM** Product as p **WHERE** p.id=1

### 4.3.3 Asociaciones y joins

HQL presenta los mismos cuatro tipos de *joins* entre entidades que es posible expresar con SQL:

▼ *Inner Join*.

▼ *Left* y *Right Outer Join*.

▼ *Full Join* (siempre que la base de datos que estemos usando los soporte, no suele ser útil).

Las tres primeras construcciones se pueden abreviar en *join*, *left* y *right join*.

Se pueden utilizar alias en las entidades asociadas o los elementos de colecciones en un *join*:

```
FROM ProductType pt INNER JOIN pt.products p
```

Mediante la palabra reservada *WITH* se pueden añadir condiciones al *join*:

```
FROM ProductType pt INNER JOIN pt.products p WITH p.name LIKE 'Angulas'
```

#### 4.3.3.1 SINTAXIS DE LOS *JOINS*

HQL permite dos sintaxis para los *joins*. Hasta ahora se ha mencionado la forma explícita, es decir, incluyendo la palabra reservada *join* dentro de la propia cláusula. Se recomienda hacerlo así puesto que es más clara y legible. No obstante si entre las entidades existe una relación donde la cardinalidad del lado derecho es 1 (es decir, *N a 1* o *1 a 1*) se puede hacer referencia a la entidad con la que se relaciona directamente:

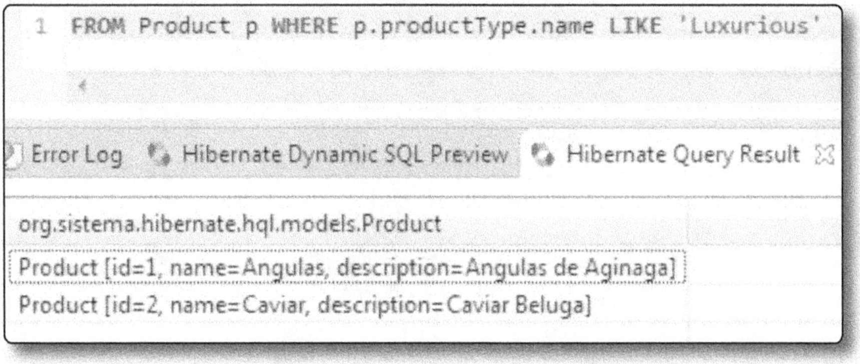

```
1   FROM Product p WHERE p.productType.name LIKE 'Luxurious'
```

Error Log | Hibernate Dynamic SQL Preview | Hibernate Query Result

org.sistema.hibernate.hql.models.Product
Product [id=1, name=Angulas, description=Angulas de Aginaga]
Product [id=2, name=Caviar, description=Caviar Beluga]

**Figura 4.7.** Sintaxis del join implícita

Como se ha mencionado en el párrafo anterior, este tipo de *joins* no funcionaría si la propiedad se tratase de una colección.

### 4.3.4 La cláusula SELECT

La cláusula *SELECT*, al igual que ocurre en SQL, permite recuperar propiedades de distintos objetos:

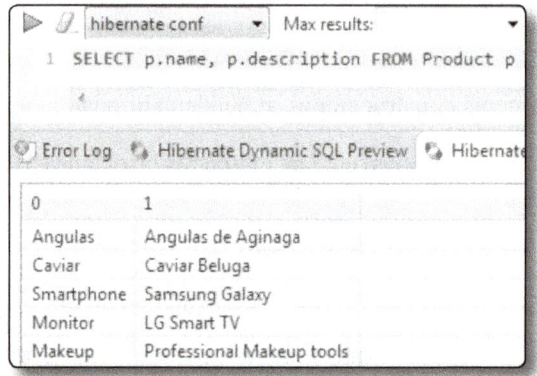

**Figura 4.8.** Resultado de consulta de selección en HQL Editor

### 4.3.5 Las funciones de agregación

HQL es capaz de soportar las mismas funciones de agregación que SQL:
AVG(…), SUM(…), MIN(…), MAX(…)
COUNT(*), COUNT(…), COUNT(DISTINCT …), COUNT(ALL …)

Las funciones de agregación operan sobre un conjunto de datos realizando la operación específica. De esta forma se obtiene una única fila con el resultado de dicha operación. Por ejemplo se podría obtener el número de productos que pertenecen a la categoría 2:

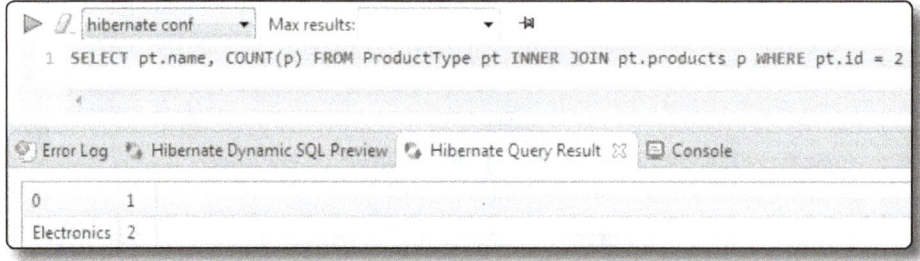

**Figura 4.9.** Resultado de la función de agregación en HQL Editor

Al igual que sucede en SQL, en HQL también existe la posibilidad de realizar agrupaciones para llevar a cabo operaciones de agregación sobre dichas agrupaciones. Se utiliza la cláusula *GROUP BY*. Por ejemplo si quisiéramos contar el número de productos por categoría:

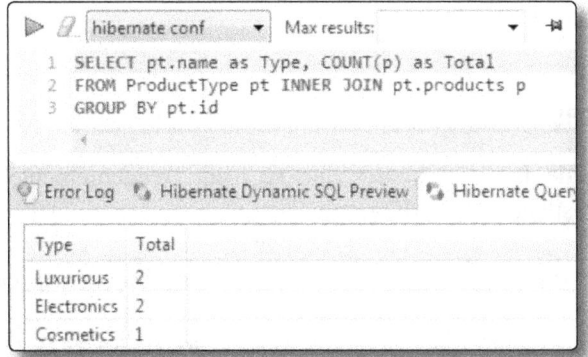

**Figura 4.10.** Resultado de agrupación y agregación en HQL Editor

### 4.3.6 La cláusula WHERE

Al igual que sucede en SQL, permite seleccionar solo los registros que cumplan con la condición expresada en esta cláusula. También admite los conectores lógicos de restricciones *AND* y *OR*.

Si lo que intentamos es recuperar productos que sean *smartphones*, lo expresaremos como lo siguiente:

**FROM** Product p **WHERE** p.name='Smartphone'

Es posible utilizar las mismas expresiones que en SQL para establecer condiciones en la cláusula *WHERE*. Por ejemplo recuperar los productos con ID entre 3 y 5:

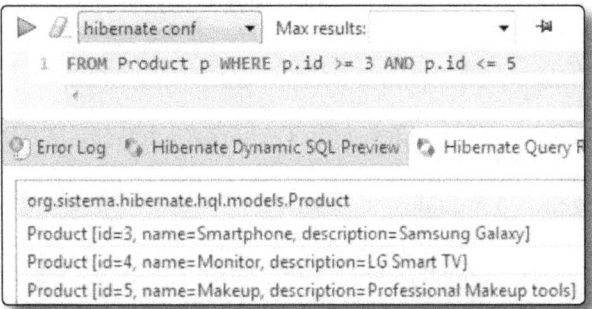

**Figura 4.11.** Consulta con cláusula WHERE mediante HQL Editor

Una característica interesante es la posibilidad de realizar consultas polimórficas en una jerarquía de clases. Así si utilizásemos el ejemplo presentado en el capítulo anterior para la herencia, y quisiéramos obtener aquellas *Comidas* sin especificar de qué tipo son podríamos hacerlo directamente:

```
FROM Food f
```

### 4.3.7 Expresiones

Algunas de las expresiones que se usan frecuentemente en la cláusula *WHERE* y otras específicas de HQL son:

- Comparaciones: =, <, >, <=, >=, <>, *Like* para cadenas de texto.

- Lógicas: *AND, OR, NOT, (NOT) IN, BETWEEN, IS (NOT) NULL, IS (NOT) EMPTY*.

- Matemáticas: +, -, *, /, *ABS(), SQRT(), BIT_LENGTH(), MOD()*.

- Concatenación de cadenas: ||, *CONCAT( , )*.

- Fecha actual: *CURRENT_DATE(), CURRENT_TIME()* y *CURRENT_TIMESTAMP()*.

- Manejo de cadenas de texto: *SUBSTRING(), TRIM(), LOWER(), UPPER(), LENGTH()*.

- Funciones de *casting* de elementos: *CAST(... AS ...)* y *EXTRACT(... FROM ...)*.

- Funciones propias de HQL que toman expresiones con valores de tipo colección: *SIZE(), MINELEMENT(), MAXELEMENT(), MININDEX(), MAXINDEX()*.

- Parámetros posicionales estilo *PreparedStatement* de JDBC: mediante ¿.

- Parámetros nominales: mediante :.

- Constantes en Java: *public static final*.

## 4.3.8 La cláusula ORDER BY

Dicha cláusula permite ordenar en base a diferentes parámetros los resultados devueltos por una columna. Por cada una de las propiedades que queremos ordenar, podemos especificar el tipo de ordenación, bien en ascendente (*ASC*) o en descendente (*DESC*). En caso de no especificar nada se realiza en ascendente:

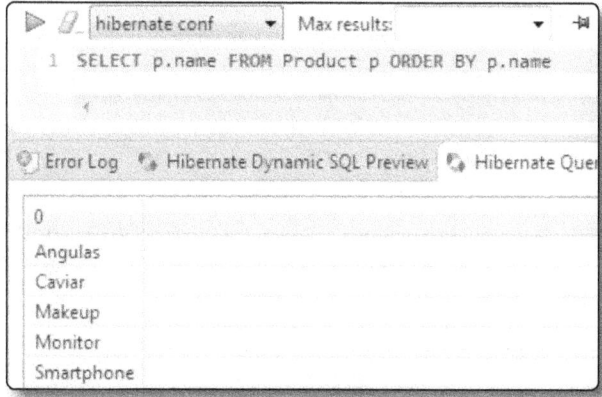

**Figura 4.12.** Ordenación de resultados

Para realizar la misma operación pero que los resultados se muestren ordenados descendentemente:

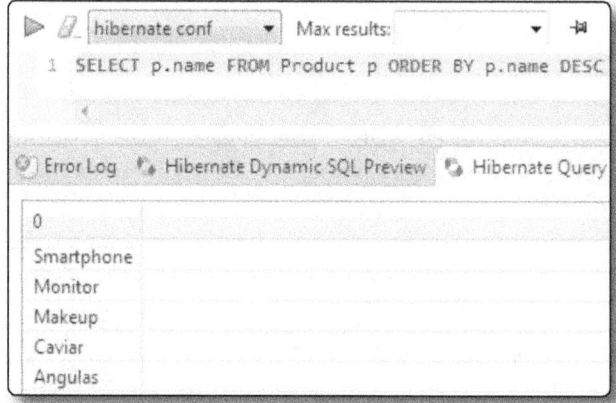

**Figura 4.13.** Ordenación de resultados en descendente

Si queremos ordenar por más de un atributo, colocamos la lista de atributos en esta cláusula separados por comas y especificamos o no la forma de ordenación:

**ORDER** BY atributo1 **DESC**, atributo2 ASC, atributo3, … atributo n.

### 4.3.9 La cláusula GROUP BY

El uso de esta cláusula fue detallado en el apartado de funciones de agregación, puesto que se combina con las mismas. Es posible combinar dicha cláusula con la anterior, *ORDER BY*, en cuyo caso debe aparecer siempre antes *GROUP BY*. Recordando su uso, si quisiéramos contar el número de productos asignados por tipo, y ordenados a su vez por el nombre en descendente:

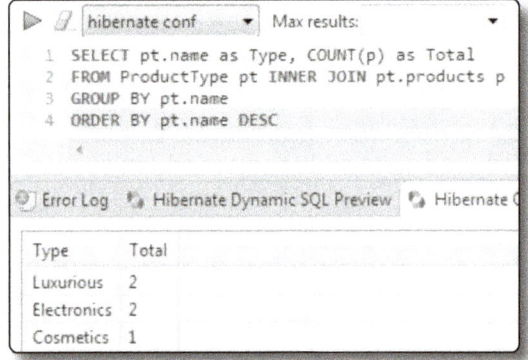

**Figura 4.14.** Resultado de agrupación y ordenación

Se permite la agrupación por más de un atributo siempre que se separen por comas:

```
GROUP BY atributo1, atributo2, atributo3, … atributo n.
```

### 4.3.10 Subconsultas

Al igual que sucede en SQL, Hibernate soporta las consultas dentro de otras consultas. Estas deben ir entre paréntesis. Si quisiéramos obtener los tipos de productos que contienen productos cuyo nombre empieza por L:

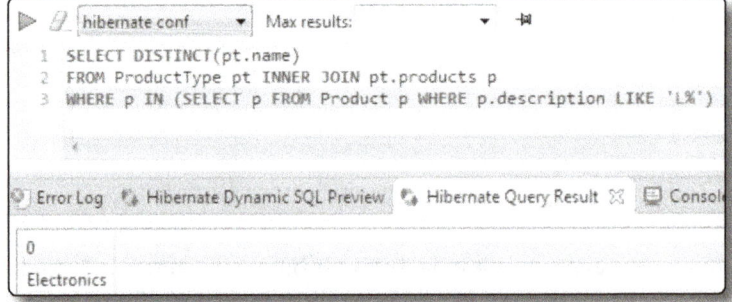

**Figura 4.15.** Subconsulta expresada en HQL Editor

## 4.3.11 Parámetros en HQL

A continuación se detallará cómo pasar parámetros a las consultas para convertirlas en dinámicas. En muchas ocasiones resulta necesario realizar la búsqueda en base a parámetros que toman su valor en tiempo de ejecución; esta operación se consigue mediante el manejo de parámetros HQL. Es preciso recalcar la necesidad de utilizar el método correcto para la especificación de parámetros desde código Java en lugar de recurrir a la concatenación de *Strings* dentro de las consultas. De esta forma estaremos contribuyendo al desarrollo de un código menos vulnerable a ataques de *SQL Injection*.

Al igual que se comentaba en el apartado anterior el método *createCriteria* para expresar consultas por medio de la API *Criteria*, Hibernate proporciona el método *createQuery* del objeto *org.hibernate.Session*, para obtener una instancia de *Query* a través de una consulta expresada en HQL. Es aquí donde Hibernate proporciona dos vías para enviar parámetros a nuestras consultas:

- Utilizando parámetros con nombre o *named query parameters*.
- Mediante parámetros posicionales al estilo JDBC.

La aplicación que se utiliza para ilustrar el paso de parámetros será la misma que para el ejemplo práctico de *Criteria* (4.2.6) y también utilizada en consultas anteriores. Es decir, la aplicación que gestiona una serie de Productos que pertenecen a un Tipo de Producto. En este caso se recuerda que la base de datos se ha nombrado como *hqldb*.

Tanto el modelo de dominio como el objeto que gestiona el DAO genérico y la sesión de Hibernate se reutilizan en este caso.

### 4.3.11.1 PARÁMETROS CON NOMBRE

Es la forma más simple de pasar parámetros a una consulta en HQL ya que, como su nombre indica, se le da un nombre al parámetro y posteriormente se hace uso de este nombre para hacer referencia al parámetro. El nombre del parámetro debe ir dentro del *String* de la consulta, siendo este precedido por ":".

Como primer ejemplo se desarrolla una consulta para buscar un producto a través de su nombre. Esta consulta estará implementada dentro de un método de la nueva clase *ProductDAO*, creada para tal propósito y que extenderá a la clase *GenericDAO*.

```
public class ProductDAO extends GenericDAO<Product>
{
}
```

Ahora pasaremos a desarrollar la consulta. En primer lugar se realiza una consulta simple para recuperar un objeto Producto:

```
FROM Product p
```

La consulta anterior devolverá todos los productos que existan en la base de datos. Sin embargo esto no es lo que se desea, lo que necesitamos es recuperar un *Product* específico cuyo nombre coincida con el valor que le proporcionamos. Para esto se debe usar una restricción con la cláusula *WHERE*, y después indicarle los parámetros que se utilizarán:

```
FROM Product p WHERE p.name = :name
```

La consulta anterior está esperando recibir un parámetro *name* que reemplazará a la cadena *:name* con el valor correspondiente. Para establecer dicho parámetro se hace uso de la interfaz *org.hibernate.Query*, a través de un método llamado *setParameter* que recibe como primer argumento el nombre del parámetro que queremos establecer, y como segundo argumento el valor de dicho parámetro:

```
query.setParameter("name", name);
```

Finalmente, para recuperar el valor que retorna esta consulta en forma de lista de objetos se hace uso del método *list()*. También podría darse el caso de que el retorno fuese individual, en cuyo caso se haría uso del método *uniqueResult()* de la interfaz *org.hibernate.Query*:

```
Product product = (Product) query.uniqueResult();
```

Finalmente se dispone de todo lo anterior en un método llamado *selectName* que queda de la siguiente forma (ya agregándole los métodos de utilidad que obtenemos por herencia de la clase *AbstractDAO*).

```
    /**
     * Selects all products of given name HQL style
     * @return List of products
     */
    public List<Product> selectName(String name) {

        startTransaction();
        Query query = session.createQuery("From Product p where p.name= :name");
```

```
            query.setParameter("name", name);

            List<Product> products = query.list();
            endTransaction();
            return products;
    }
```

De esta forma se permite recuperar una lista de productos dado su nombre. Para la prueba del método anterior se crea un método encargado de llenar la tabla de productos con algunos datos:

```
    /**
     * Create the products and save them in the database.
     */
    private static void loadProducts() {

        // Insert new data
        ProductType productType = new ProductType("Luxurious");
        productTypeDAO.insert(productType);
        Product product1 = new Product("Angulas", "Angulas de Aginaga",
                productType);
        productDAO.insert(product1);
        System.out.println("Inserted id: " + product1.getId());
        Product product2 = new Product("Caviar", "Caviar
Beluga", productType);
        productDAO.insert(product2);
        System.out.println("Inserted id: " + product2.getId());

        productType = new ProductType("Electronics");
        productTypeDAO.insert(productType);
        Product product3 = new Product("Smartphone", "Samsung Galaxy",
                productType);
        productDAO.insert(product3);
        System.out.println("Inserted id: " + product3.getId());
        Product product4 = new Product("Monitor", "LG Smart TV",
productType);
        productDAO.insert(product4);
        System.out.println("Inserted id: " + product4.getId());

        productType = new ProductType("Cosmetics");
        productTypeDAO.insert(productType);
        Product product5 = new Product("Makeup", "Professional
Makeup tools",
                productType);
```

```
            productDAO.insert(product5);
            System.out.println("Inserted id: " + product5.getId());

            System.out.println("\nShow data after new insert");
            showAllProducts(productDAO.selectAll(Product.class));
        }
```

A continuación se presenta el método que hará uso del *selectName* para mostrar un mensaje con la lista de productos cuyo nombre coincida con el recibido como parámetro o bien un mensaje de error en caso de que no se encuentren.

```
        /**
         * Show the list of products for a given name.
         *
         * @param productName
         */
        private static void searchProducts(String productName) {
            List<Product> products = null;

            try {
                products = productDAO.selectName(productName);
            } catch (HibernateException e) {
                System.err
                    .println("An error ocurred while trying to retrieve producto");
                e.printStackTrace();
            }
            if (products == null) {
                System.out.println("Products not found");
            } else {
                System.out.println("Products found by name[" + productName + "]: "
                    + products.toString());
            }
        }
```

Por lo tanto, en el método *main*:

```
        public static void main(String[] args) {
            // Insert the products
            Main.loadProducts();

            // Select just one
            Product product1 = productDAO.selectById(11, Product.class);
```

```
            // Using HQL
            // Select Product by name
            Main.searchProducts(product1.getName());
                ...
    }
```

Tras ejecutar la aplicación se observa que efectivamente el producto recuperado coincide con el nombre enviado (Angulas):

### 4.3.11.2 PARÁMETROS POSICIONALES ESTILO JDBC

Mediante el signo de cierre de interrogación (?) se indica en qué posición dentro de la consulta irán colocados los parámetros para posteriormente establecer dichos parámetros en función de dicha posición (se inicia en 0). Por lo tanto, esta vía es similar a la que se utiliza en JDBC mediante *PreparedStatement*.

De la misma forma que en el caso anterior, la interfaz *org.hibernate.Query* proporciona un método para establecer los parámetros, *setParameter*.

Para probar esta vía se implementará un método capaz de recuperar todos los productos que sean de un tipo determinado.

Por lo tanto, la consulta final queda de la siguiente forma:

**SELECT** p **FROM** Product p **INNER JOIN** p.productType t **where** t.name= ?

O bien, en caso de utilizar un *JOIN* implícito:

**FROM** Product p **WHERE** p.productType.name= ?

Aunque sería posible realizar la consulta de esta manera, los parámetros posicionales de JDBC están obsoletos o *deprecated*, por lo que es recomendable realizar la adaptación al estilo de parámetros posicionales de JPA. De esta manera se indica la posición del parámetro con un número detrás del símbolo de cierre de interrogación. Si hubiera más de uno se enumeran de forma correlativa:

```
SELECT p FROM Product p INNER JOIN p.productType t where
t.name=?0 and t.id=?1
```

Ahora estableceremos los valores de los parámetros de la siguiente forma:

```
query.setParameter("0", typeName);
query.setParameter("1", 11);
```

Al igual que en el ejemplo anterior, dado que lo que se espera retornar es una lista de productos, se utiliza el método *list()* de la interfaz *org.hibernate.Query*:

```
List<Product> products = query.list();
```

Así, se incorpora el nuevo método en *ProductDAO*:

```
    /**
     * Selects all products of given type name HQL with
explicit join
     *
     * @return List of products
     */
    public List<Product> selectProductsByTypeName(String
typeName) {
        session = HibernateSession.getSession();
        startTransaction();
        Query query = session
            .createQuery("SELECT p FROM Product p INNER JOIN
p.productType as t where t.name= ?0");

        query.setParameter("0", typeName);
        List<Product> products = query.list();
        endTransaction();

        return products;
    }
```

Se crea a continuación el método que se encargará de ejecutar la consulta realizada y que muestra los productos que cumplan esa condición, es decir, aquellos productos que sean de determinado tipo:

```java
/**
 * Search products by product type name
 */
private static void searchProductsByType(String type) {
   List<Product> products = null;
   ProductDAO productDAO = new ProductDAO();
   try {
      products = productDAO.selectProductsByTypeName(type);
   } catch (HibernateException e) {
      System.err
         .println("An error ocurred while trying to retrieve the user");
      e.printStackTrace();
   }
   if (products == null) {
      System.out.println("\nProducts not found");
   } else {
      System.out.println("\nProducts found by type : "
         + products.toString());
   }
}
```

El método anterior vuelca los productos que cumplen la condición de ser de ese tipo. Colocando este método a continuación de los que ya existían en el *main*, se ejecuta la aplicación para ver cuál es la salida generada:

```
/**
 * Main function to load the products and manage them.
 *
 * @param args
 */
public static void main(String[] args) {

    // Insert the products
    Main.loadProducts();

    // Select just one
    Product product1 = productDAO.selectById(1l, Product.class);

    // Using HQL
    // Select Product by name
    Main.searchProductsByName(product1.getName());

    // Select Product by type
    Main.searchProductsByType(product1.getProductType().getName());
}
```

```
<terminated> Main (4) [Java Application] C:\Program Files (x86)\Java\jre1.8.0_31\bin\javaw.exe (9/6/2015 11:50:15)
Id: 1 - Name: Angulas - Type: Luxurious
Id: 2 - Name: Caviar - Type: Luxurious
Id: 3 - Name: Smartphone - Type: Electronics
Id: 4 - Name: Monitor - Type: Electronics
Id: 5 - Name: Makeup - Type: Cosmetics
Total products: 5

Products found by name[Angulas]: [Product [id=1, name=Angulas, description=Angulas de Aginaga]]

Products found by type : [Product [id=1, name=Angulas, description=Angulas de Aginaga], Product [id=2, name=Caviar, description=Caviar Beluga]]
```

**Figura 4.16.** Resultado de la aplicación utilizando parámetros posicionales del estilo JPA

Como se puede observar, existen dos productos que cumplen con la condición de ser artículos de lujo: Angulas y Caviar.

## 4.4 USANDO SQL NATIVO

Usar SQL nativo puede ser útil para utilizar las características particulares de la base de datos tales como operaciones específicas de un SGBD concreto. También proporciona una ruta de migración limpia desde una aplicación basada en SQL/JDBC a Hibernate.

La interfaz *SQLQuery* proporciona el método *Session.createSQLQuery()*, que permite la ejecución de consultas SQL nativas. A continuación se expone cómo utilizar dicha API.

**Consultas escalares**

La consulta SQL más básica es para obtener una lista de valores escalares.

```
session.createSQLQuery("SELECT * FROM product").list();
session.createSQLQuery("SELECT id, name, description FROM product").list();
```

Como resultado se retorna un *array* de objetos (*Object[]*) con una serie de valores escalares para cada columna en la tabla de productos, *product*. Mediante la clase *ResultSetMetadata* Hibernate es capaz de deducir el orden real y los tipos de los valores escalares retornados. Sin embargo se suele utilizar el método *addScalar()*, que permite ser más explícito y, además, evita los costes generales de la utilización de *ResultSetMetadata*.

```
session.createSQLQuery("SELECT * FROM product")
 .addScalar("id", Hibernate.LONG)
 .addScalar("name", Hibernate.STRING)
 .addScalar("description", Hibernate.STRING)
```

De esta manera se obtienen explícitamente las columnas de *id*, *name* y *description* con el tipo de dato especificado. También implica que solo se devolverán las tres columnas especificadas, pese a haber indicado una selección con \*.

Aunque también es posible especificar la información del tipo de datos parcialmente o bien omitirla:

```
session.createSQLQuery("SELECT * FROM product")
 .addScalar("id", Hibernate.LONG)
 .addScalar("name")
 .addScalar("description")
```

Mediante el dialecto se especifica la forma en que los tipos SQL retornados por el *ResultSetMetaData* (*java.sql.Types*) se mapean a los tipos utilizados en Hibernate.

Para los ejemplos vamos a utilizar la misma aplicación que en la sección de HQL y Criteria. Se añade ahora un método que permite retornar aquellos productos cuya descripción sea cadena vacía o nula mediante una sentencia SQL nativa:

```
/**
 * Selects all products with empty description using Native SQL
 *
 * @return List of Object[]
 */
public List<Object[]> selectEmptyDescription() {

    startTransaction();

    Query query = session
        .createSQLQuery("Select * FROM product p WHERE p.description='' OR p.description is null")
            .addScalar("id")
             .addScalar("name");

    List<Object[]> products = query.list();
    endTransaction();
    return products;
}
```

Para leer los resultados, se utiliza el siguiente método en la clase principal:

```
/**
 * Searches for products with empty description
 */
private static void searchEmptyDescription() {
   List<Object[]> products = null;
   try {
      products = productDAO.selectEmptyDescription();
   } catch (HibernateException e) {
     System.err
         .println("An error ocurred while trying to retrieve the user");
```

```
            e.printStackTrace();
        }
        if (products == null) {
            System.out.println("\nProducts with empty description not found");
        } else {
            System.out.println("\nProducts found without description:");
            for (Object[] product : products) {
                System.out.println("Product 1: " + product[0] + " - "
                    + product[1]);
            }
        }
    }
```

Se recupera el primer producto a fin de hacer que su descripción pase a ser cadena vacía y finalmente se procede a realizar la prueba:

```
148  /**
149   * Main function to load the products and manage them.
150   *
151   * @param args
152   */
153  public static void main(String[] args) {
154
155      // Insert the products
156      Main.loadProducts();
157
158      // Select just one
159      Product product1 = productDAO.selectById(11, Product.class);
160
161      // Update data
162      product1.setDescription("");
163      productDAO.update(product1);
164
165      // Native SQL
166      // Select product with empty description
167      Main.searchEmptyDescription();
168  }
```

```
Markers  Properties  Servers  Data Source Explorer  Snippets  Console
<terminated> Main (5) [Java Application] C:\Program Files (x86)\Java\jre1.8.0_31\bin\javaw.exe (9/6/2015 22:05:04)
---- Products ----- table contents -----------
Id: 1 - Name: Angulas - Type: Luxurious
Id: 2 - Name: Caviar - Type: Luxurious
Id: 3 - Name: Smartphone - Type: Electronics
Id: 4 - Name: Monitor - Type: Electronics
Id: 5 - Name: Makeup - Type: Cosmetics
Total products: 5

Products found without description:
Product 1: 1 - Angulas
```

**Figura 4.17.** Resultado de la ejecución de la aplicación utilizando SQL nativo

## Consultas de entidades

También es posible obtener los objetos, entidades del modelo de dominio, desde una consulta SQL nativa. Para ello se utiliza el método *addEntity()*.

```
session.createSQLQuery("SELECT * FROM products").
addEntity(Product.class);
session.createSQLQuery("SELECT id,name,description FROM
products").addEntity(Product.class);
```

Para ello se especifica la cadena de consulta SQL y también se debe especificar la entidad devuelta por la consulta. Por lo que teniendo en cuenta la clase Producto del ejemplo y su mapeo, estas consultas retornarán una lista donde cada uno de los elementos será una entidad de tipo *Product*.

A continuación se muestra el método presentado en el apartado de HQL **public** *List<Product> selectName(String name)* que retornaba una lista de productos cuyo nombre coincidía con uno recibido. En este caso se desarrolla mediante una sentencia de SQL nativo:

```
/**
 * Selects all products of given name Native SQL style
 *
 * @return List of products
 */
public List<Product> selectName(String name) {

    startTransaction();

    Query query = session.createSQLQuery(
            "SELECT * FROM product p WHERE p.name= :name").
addEntity(
            Product.class);

    query.setParameter("name", name);

    List<Product> products = query.list();
    endTransaction();

    return products;
}
```

La principal diferencia es que antes de invocar al método *list()* se hace uso de:

```
.addEntity(Product.class)
```

Con este método se especifica a Hibernate que el objeto retornado será de dicha clase, por lo que se admite tratar el resultado como una lista genérica de productos, en lugar de *Objects*.

Finalmente se realiza la prueba desde el método *main* obteniendo el mismo resultado que en el caso de HQL.

Cabe destacar que aunque es posible desarrollar todas las sentencias y aspectos en HQL comentados en apartados anteriores mediante SQL nativo, está desaconsejado. Como ha sido comentado previamente una de las características más potentes de los ORM como Hibernate es precisamente la capacidad de abstracción del SGBD que se utiliza, siendo HQL precisamente la vía que permite explotar tal característica. Por lo tanto, el uso de SQL se reservaría a aquellos casos en los que se migre una aplicación con todo el código SQL previamente desarrollado, siendo este de una complejidad tal que sea muy costoso su migración a otras vías, tales como HQL o Criteria.

Para más información sobre cómo utilizar SQL nativo en Hibernate se recomienda consultar la documentación oficial a través de:

*https://docs.jboss.org/hibernate/orm/3.3/reference/es-ES/html/querysql.html*

## 4.5 EVENTOS E INTERCEPTORES

En algunas ocasiones puede resultar útil disponer de mecanismos que permitan desencadenar ciertas operaciones antes o después de la lógica funcional de nuestras aplicaciones, o bien de que se produzcan operaciones de persistencia. De hecho resulta especialmente útil cuando se desea llevar a cabo auditorías u obtener estadísticos sobre la frecuencia o características de las operaciones de persistencia. Para lo anterior Hibernate dispone de dos mecanismos fundamentalmente: los interceptores y los *listeners* de eventos.

### 4.5.1 Interceptores

Permiten realizar llamadas a nivel de sesión o aplicación para tener acceso a las propiedades de un objeto antes de ser salvado, borrado, modificado o cargado dentro del contexto de persistencia.

Como se comentaba en el párrafo inicial, un uso muy común de los interceptores es el de auditar las modificaciones realizadas sobre las entidades del modelo, para lo cual se pueden utilizar los *logs* de los eventos. Por lo tanto, el propósito del ejemplo mostrado a continuación será el de mostrar un mensaje por consola cada vez que una entidad en concreto sea guardada o eliminada, así como mostrar un mensaje en el fichero de *logs* configurado para tal propósito.

A continuación se expone el ejemplo que ilustrará las operaciones con interceptores. Se trata de comerciales y registros de ventas. De tal forma que existe una relación 1:N bidireccional entre comercial y sus ventas:

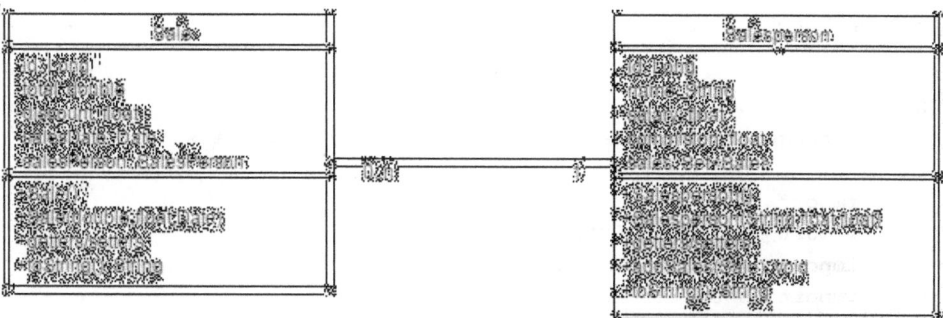

**Figura 4.18.** Diagrama UML del modelo de dominio

El fichero de configuración de Hibernate no varía con respecto al utilizado en anteriores ocasiones. Tan solo debemos tener en cuenta que se debe especificar las entidades del modelo de dominio a persistir o AJO con las que vamos a trabajar:

```
<session-factory>
    <!-- Database connection settings -->
    <property name="dialect">org.hibernate.dialect.MySQLDialect</property>
    <property name="connection.driver_class">com.mysql.jdbc.Driver</property>
    <property name="connection.url">jdbc:mysql://localhost:3306/interceptors</property>
    <property name="connection.username">root</property>
    <property name="connection.password"></property>
    <property name="cache.provider_class">org.hibernate.cache.HashtableCacheProvider</property>
    <property name="transaction.factory_class">org.hibernate.transaction.JDBCTransactionFactory</property>
    <property name="current_session_context_class">thread</property>
    <property name="hibernate.show_sql">false</property>
    <property name="hbm2ddl.auto">create-drop</property>
    <mapping class="org.sistema.hibernate.interceptors.
```

```xml
                models.Sale" />
        <mapping class="org.sistema.hibernate.interceptors.models.Salesperson" />
</session-factory>
```

Como se aprecia en este ejemplo se hará uso de una base de datos llamada *interceptors*. También se utilizará la clase *HibernateSession* y el *GenericDAO* vistos en anteriores ejemplos y, adicionalmente, se crean dos clases, *Sales* y *Salesperson* que estarán anotadas de la siguiente manera:

*Sales.java*

```java
package org.sistema.hibernate.interceptors.models;

import java.io.Serializable;
import java.util.Date;
import javax.persistence.Entity;
import javax.persistence.GeneratedValue;
import javax.persistence.GenerationType;
import javax.persistence.Id;
import javax.persistence.JoinColumn;
import javax.persistence.ManyToOne;

/**
 * Sales class.
 *
 * @author Eugenia Pérez Martínez
 * @email eugenia_perez@cuatrovientos.org
 */
@Entity
public class Sale implements Serializable {
    @Id
    @GeneratedValue(strategy = GenerationType.IDENTITY)
    private Long id;

    private double total;
    private float discount;
    private Date salesDate;

    @ManyToOne
    @JoinColumn(name = "idsalesperson")
    private Salesperson salesperson;

    /**
     * Constructor by default.
```

```java
         */
        public Sale() {

        }

        /**
         * Constructor with parameters
         *
         * @param id
         * @param total
         * @param discount
         * @param salesDate
         */
        public Sale(double total, float discount, Date salesDate) {
            this.total = total;
            this.discount = discount;
            this.salesDate = salesDate;
        }

        /**
         * @return the id
         */
        public Long getId() {
            return id;
        }

        /**
         * @param id
         *       the id to set
         */
        public void setId(Long id) {
            this.id = id;
        }

        /**
         * @return the total
         */
        public double getTotal() {
            return total;
        }

        /**
         * @param total
         *       the total to set
         */
```

```java
public void setTotal(double total) {
   this.total = total;
}

/**
 * @return the discount
 */
public float getDiscount() {
   return discount;
}

/**
 * @param discount
 *        the discount to set
 */
public void setDiscount(float discount) {
   this.discount = discount;
}

/**
 * @return the salesDate
 */
public Date getSalesDate() {
   return salesDate;
}

/**
 * @param salesDate
 *        the salesDate to set
 */
public void setSalesDate(Date salesDate) {
   this.salesDate = salesDate;
}

/**
 * @return the salesperson
 */
public Salesperson getSalesperson() {
   return salesperson;
}

/**
 * @param salesperson the salesperson to set
 */
public void setSalesperson(Salesperson salesperson) {
```

```java
        this.salesperson = salesperson;
    }

    /* (non-Javadoc)
     * @see java.lang.Object#toString()
     */
    @Override
    public String toString() {
        return "Sale [id=" + id + ", total=" + total + ", discount=" + discount
                + ", salesDate=" + salesDate + "]";
    }
}
```

## Salesperson.java

```java
package org.sistema.hibernate.interceptors.models;

import java.io.Serializable;
import java.util.HashSet;
import java.util.Set;
import javax.persistence.Entity;
import javax.persistence.FetchType;
import javax.persistence.GeneratedValue;
import javax.persistence.GenerationType;
import javax.persistence.Id;
import javax.persistence.OneToMany;

/**
 * Sales class.
 *
 * @author Eugenia Pérez Martínez
 * @email eugenia_perez@cuatrovientos.org
 */
@Entity
public class Salesperson implements Serializable {

    @Id
    @GeneratedValue(strategy = GenerationType.IDENTITY)
    private Long id;

    private String name;
    private float salary;
    private float commission;
```

```java
    @OneToMany(mappedBy = "salesperson", fetch = FetchType.
EAGER)
    private Set<Sale> sales = new HashSet<Sale>();

    /**
     * Constructor by default.
     */
    public Salesperson() {

    }

    /**
     * Constructor with parameters.
     *
     * @param name
     * @param salary
     * @param commision
     * @param sales
     */
    public Salesperson(String name, float salary, float
commision) {
        this.name = name;
        this.salary = salary;
        this.commission = commision;
    }

    /**
     * @return the id
     */
    public Long getId() {
        return id;
    }

    /**
     * @param id
     *        the id to set
     */
    public void setId(Long id) {
        this.id = id;
    }

    /**
     * @return the name
     */
    public String getName() {
```

```java
        return name;
    }

    /**
     * @param name
     *          the name to set
     */
    public void setName(String name) {
        this.name = name;
    }

    /**
     * @return the salary
     */
    public float getSalary() {
        return salary;
    }

    /**
     * @param salary
     *          the salary to set
     */
    public void setSalary(float salary) {
        this.salary = salary;
    }

    /**
     * @return the commision
     */
    public float getCommission() {
        return commission;
    }

    /**
     * @param commision
     *          the commision to set
     */
    public void setCommission(float commission) {
        this.commission = commission;
    }

    /**
     * @return the sales
     */
    public Set<Sale> getSales() {
```

```java
        return sales;
    }

    /**
     * @param sales
     *       the sales to set
     */
    public void setSales(Set<Sale> sales) {
        this.sales = sales;
    }

    /**
     * Allow to add a specific sale to the set.
     * @param sale
     */
    public void addSales(Sale sale){
        this.sales.add(sale);
        sale.setSalesperson(this);
    }

    /* (non-Javadoc)
     * @see java.lang.Object#toString()
     */
    @Override
    public String toString() {
        return "Salesperson [id=" + id + ", name=" + name + ", salary="
            + salary + ", commision=" + commission + ", \n\t\tsales=" + sales + "]";
    }
}
```

Hibernate proporciona la implementación de 18 métodos para el manejo de interceptores. Dichos métodos se encuentran recogidos en la interfaz *org.hibernate.Interceptor*. No obstante el comportamiento de dichos métodos se puede reescribir fácilmente haciendo que la clase que desarrollamos para auditar pase a extender de otra, *org.hibernate.EmptyInterceptor*, que a su vez funciona como *adapter* de la interfaz anterior (*Interceptor*), y nos ofrece implementaciones vacías de los métodos de la misma.

Por lo tanto según las especificaciones planteadas en nuestro ejemplo, la clase que audita deberá contener dos métodos, uno se lanzará antes de que la entidad que representa una venta (*Sale*) sea insertada y el otro cuando sea eliminada. Para lo anterior se deberán sobrescribir los métodos que nos interesan, es decir, *onSave* y *onDelete*.

▼ *onSave*: se invoca antes de que una entidad sea almacenada. El valor *booleano* de retorno tomará el valor *true* en caso de que este objeto haya sido modificado y *false* en caso contrario. También recibe una lista de parámetros entre los que destaca la entidad que va a ser almacenada a través del parámetro *entity*. Para comprobar que esta entidad es efectivamente del tipo que solicitamos, en este caso *Sale*, se utilizará el operador de Java, *instanceof*. Una vez comprobado se hará el *casting* o conversión a la entidad correspondiente pudiendo proceder a trabajar con el objeto con normalidad.

▼ *onDelete*: será invocado antes de que la entidad sea eliminada. El tipo de retorno en este caso es *void*, sin embargo, podemos repetir la operación de comprobación y *casting* anterior, dado que los parámetros a recibir son los mismos. Para esta operación también se hace uso del parámetro *ID* que como se aprecia almacena el identificador de la entidad a eliminar.

Adicionalmente y dado que también se ha comentado que tras cualquier operación contra base de datos será almacenado un registro de la misma en el fichero de *logs*, se sobrescribe el método *onPrepareStatement*.

```java
package org.sistema.hibernate.interceptors;

import java.io.Serializable;
import org.apache.log4j.Logger;
import org.hibernate.EmptyInterceptor;
import org.hibernate.type.Type;
import org.sistema.hibernate.interceptors.models.Sale;

/**
 * Class that allows you to audit the transactions involving
entities persisted in the database.
 * @author Eugenia Pérez Martínez
 * @email eugenia_perez@cuatrovientos.org
 */
public class AuditSalesInterceptor extends EmptyInterceptor {

    private static Logger logger = Logger
        .getLogger(AuditSalesInterceptor.class);

    @Override
```

```
    public boolean onSave(Object entity, Serializable id,
Object[] state,
        String[] propertyNames, Type[] types) {
    if (entity instanceof Sale) {
        Sale sale = (Sale) entity;
        System.out.println("Sales has been inserted: " +
sale.getTotal()
            + "\non: " + sale.getSalesDate() + ", \nby \""
            + sale.getSalesperson().getName() + "\"\n");
    }

    return false;
}

@Override
public void onDelete(Object entity, Serializable id,
Object[] state,
        String[] propertyNames, Type[] types) {
    if (entity instanceof Sale) {
        Sale sale = (Sale) entity;
        System.out.println("The following sale made on ["
            + sale.getSalesDate() + "] is about to be deleted, id="
            + id);
    }

}

@Override
public String onPrepareStatement(String sql) {
    logger.info("Loging SQL statement ...... start");
    logger.info(sql);
    logger.info("Loging SQL statement ...... end");
    return sql;
}
}
```

Como se puede observar el uso de *logs* es relativamente sencillo una vez que se declara la instancia que permitirá mostrar mensajes con un nivel de prioridad adecuado:

```
private static Logger logger = Logger
        .getLogger(AuditSalesInterceptor.class);
```

Lo anterior es posible gracias a la biblioteca *open source Log4j* desarrollada por Apache Software Foundation para mostrar mensajes en tiempo de ejecución en función de la importancia o nivel de prioridad. Existen 6 niveles: *trace, debug, info, warn, error, fatal*.

Será preciso incluir la dependencia necesaria en el *pom.xml*:

```xml
<dependency>
   <groupId>log4j</groupId>
   <artifactId>log4j</artifactId>
   <version>1.2.17</version>
</dependency>
```

Y configurar las características del registro de *logs* a través de un fichero *log4j.xml* que se almacenará donde los registros de configuración *src/main/resources*:

```xml
<log4j:configuration xmlns:log4j="http://jakarta.apache.org/log4j/"
   debug="false">

   <!-- A time/date based rolling appender -->
   <appender name="FILE" class="org.apache.log4j.RollingFileAppender">
      <param name="File" value="logs/system.log" />
      <param name="Append" value="true" />
      <param name="ImmediateFlush" value="true" />
      <param name="MaxFileSize" value="200MB" />
      <param name="MaxBackupIndex" value="100" />

      <layout class="org.apache.log4j.PatternLayout">
         <param name="ConversionPattern" value="%d %d{Z} [%t] %-5p (%F:%L) - %m%n" />
      </layout>
   </appender>

   <root>
      <priority value="INFO"></priority>
      <appender-ref ref="FILE" />
   </root>

</log4j:configuration>
```

Entre otros parámetros se aprecia que se copiarán al final del fichero *system.log* todas las operaciones realizadas e indicadas para un nivel de prioridad de *INFO* o de una gravedad superior.

Retomando el uso de interceptores, una vez que está implementado y listo para su uso, lo siguiente que se debe indicar a Hibernate es que este interceptor existe para que pueda utilizarlo. Hibernate maneja dos tipos de interceptores:

- Interceptores de *Session* (*Session-scoped*).
- Interceptores de *SessionFactory* (*SessionFactory-scoped*).

Los primeros funcionan únicamente cuando la sesión se está abriendo, por lo tanto, es en ese momento donde se especifica mediante el método *openSession()* de la *SessionFactory* que es incluido en el método que comienza la transacción (*startTransaction*) del DAO genérico.

Por otro lado, los interceptores de *SessionFactory* se utilizan en todas las sesiones abiertas en la aplicación mediante el método *buildSessionFactory()*. Son registrados con el objeto *org.hibernate.cfg.Configuration* utilizado para construir la *SessionFactory*.

Para ilustrar este ejemplo se utilizarán los primeros, dado que lo único que se pretende es hacer uso del interceptor cada vez que se almacene o se borre una entidad correspondiente a una venta.

Para ello se agrega un nuevo método en la clase *HibernateSession* que recupera la *Session* de Hibernate teniendo en cuenta el uso de interceptores de sesión:

```
/**
 * Open and give the current Session using Session
interceptors options
 * @param interceptor
 * @return Hibernate Session
 */
public static Session getSession(Interceptor interceptor) {
    return sessionFactory.withOptions().interceptor(interceptor)
        .openSession();

}
```

Adicionalmente se modifica el método del inicio de la transacción del *GenericDAO* que recibirá dicho interceptor como parámetro:

```
/**
 * Starts the transactional behaviour applied to some
certain operations (insert, update, delete...)
 * @param interceptor
 */
```

```java
    protected void startTransaction(Interceptor interceptor) {
        session = HibernateSession.getSession(interceptor);
        session.getTransaction().begin();
    }
```

Por lo tanto se debe tener en cuenta que aquellos métodos que inicien una transacción recibirán una instancia del interceptor de sesión que se ha implementado:

```java
startTransaction(new AuditSalesInterceptor());
```

Finalmente solo queda probar el funcionamiento, para lo que se procede a crear ventas, comerciales, almacenarlas en la base de datos y borrar una de ellas, desde la clase *Main*:

```java
package org.sistema.hibernate.interceptors;

import java.util.Date;
import org.sistema.hibernate.interceptors.dao.GenericDAO;
import org.sistema.hibernate.interceptors.models.Sale;
import org.sistema.hibernate.interceptors.models.Salesperson;

/**
 * Main class
 *
 * @author Eugenia Pérez
 * @email eugenia_perez@cuatrovientos.org
 */
public class Main {

    static GenericDAO<Salesperson> salespersonDAO = new GenericDAO<Salesperson>();
    static GenericDAO<Sale> salesDAO = new GenericDAO<Sale>();

    /**
     * Load the salespeople and save them in the database.
     */
    private static void loadSalespeople() {
        Salesperson sp1 = new Salesperson("Eugenia Martínez", 30000f, 0.15f);
        Salesperson sp2 = new Salesperson("Alfredo Pérez", 33000f, 0.20f);

        salespersonDAO.insert(sp1);
        salespersonDAO.insert(sp2);
```

```
    }

    /**
     * Save some sales and add to the current sales of the
sales agent.
     */
    private static void saveSales() {

        Sale sale1 = new Sale(1200.0, 0.1f, new Date());
        Sale sale2 = new Sale(650.0, 0.25f, new Date());
        Salesperson sp1 = salespersonDAO.selectById(11,
Salesperson.class);
        sp1.addSales(sale1);
        sp1.addSales(sale2);

        salesDAO.insert(sale1);
        salesDAO.insert(sale2);
    }

    /**
     * Remove an specific sale to prove the right interceptors
performance.
     */
    private static void deleteSales() {
        salesDAO.delete(salesDAO.selectById(11, Sale.class));
    }

    /**
     * Load the application and manage the logical operations.
     *
     * @param args
     */
    public static void main(String[] args) {

        Main.loadSalespeople();
        Main.saveSales();
        Main.deleteSales();

    }
}
```

Tal y como hemos diseñado la auditoría se deberían mostrar 3 mensajes por pantalla, correspondientes a las 2 inserciones de ventas realizadas y a la eliminación de una de ellas:

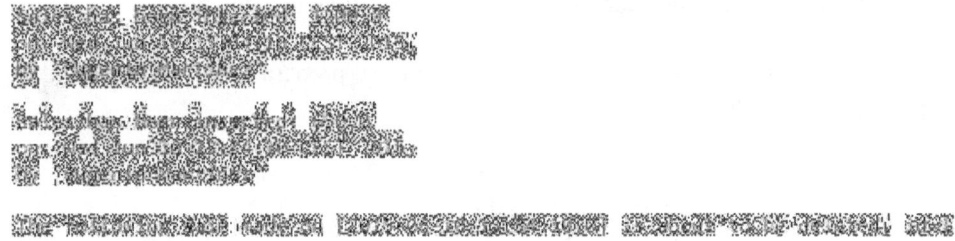

Adicionalmente es posible comprobar cómo se ha realizado un registro de *logs* por operación realizada contra base de datos y que ha sido almacenada en el fichero configurado para tal efecto:

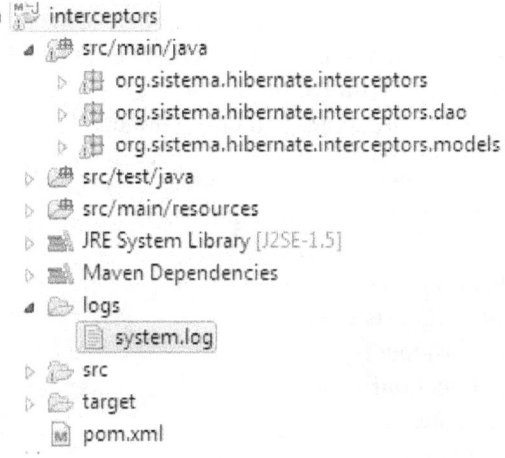

**Figura 4.19.** Ubicación del fichero de logs

En el ejemplo anterior se ha hecho uso de dos métodos típicos para este propósito, sin embargo, y como se ha comentado, existen una serie de diversos métodos para dar una mayor cobertura, siendo los más típicos:

▼ *afterTransactionBegin*: es invocado después de que se inicia una transacción.

▼ *afterTransactionCompletion*: se invoca justo cuando una transacción termina.

▼ *beforeTransactionCompletion*: es llamado antes de que se realice la operación de *commit* (no pasa lo mismo con el *rollback*).

- *onLoad*: es invocado antes de que se inicialice una entidad.

- *onPrepareStatement*: se invoca cuando se prepara la instrucción con el código SQL generado.

- *postFlush* y *preFlush*: llamado después y antes respectivamente de que se sincronicen los datos con la BD.

### 4.5.2 Eventos

Hibernate ofrece un mecanismo para complementar o ampliar el uso de interceptores cuando queremos ser más exhaustivos a la hora de realizar operaciones desencadenadas por ciertos eventos en la capa de persistencia. De hecho, cada vez que se produce una llamada a algún método del objeto *Session*, Hibernate lanza un evento que podemos capturar para recibir notificaciones. Por cada evento existe una interfaz que recibirá un parámetro del tipo de evento que lo lanzó.

Estas interfaces se encuentran contenidas en *org.hibernate.event*. Algunas de las interfaces típicas para estas notificaciones son:

- DeleteEventListener
- FlushEntityEventListener
- FlushEventListener
- InitializeCollectionEventListener
- LoadEventListener
- PostDeleteEventListener
- PostInsertEventListener
- PostLoadEventListener
- PostUpdateEventListener
- PreDeleteEventListener
- PreInsertEventListener
- PreLoadEventListener
- PreUpdateEventListener
- RefreshEventListener
- ReplicateEventListener
- SaveOrUpdateEventListener

Vamos a abordar las mismas operaciones que en el ejemplo anterior, pero en lugar de utilizar interceptores, se utilizarán los *listeners* de eventos. Así que se procederá a crear un sistema que emita notificaciones por consola antes de que una entidad de venta se almacene y antes de que se elimine.

Por lo tanto, es posible utilizar el modelo de dominio anterior, y las clases del manejo de persistencia, *HibernateSession* y *GenericDAO* en el proyecto. Para ello debemos crear dos clases, correspondientes con las acciones que implementen las interfaces correspondientes. La primera permite mostrar un mensaje por consola antes de que una entidad *Sale* sea insertada. De los enumerados previamente vemos que existe un *listener* llamado *PreInsertEventListener*. Por lo tanto se crea una clase que extienda dicha interfaz y que contenga el método *onPreInsert*, que recibe un objeto de tipo *org.hibernate.event.PreInsertEvent*. Uno de los métodos de utilidad de esta clase, *getEntity()*, permite recuperar la instancia de la entidad a insertar. Una vez recuperada realizamos la misma operación que en el ejemplo de los interceptores, es decir, podemos determinar que la entidad es de tipo *Sale* mediante el operador *instanceof*.

A continuación se puede comprobar la completa implementación de la clase *PreInsertSaleEventListener*:

```java
package org.sistema.hibernate.events.listeners;

import org.hibernate.event.spi.PreInsertEvent;
import org.hibernate.event.spi.PreInsertEventListener;
import org.sistema.hibernate.events.models.Sale;

/**
 * Class that allows you to audit the transactions involving
 entities persisted in the database.
 * @author Eugenia Pérez Martínez
 * @email eugenia_perez@cuatrovientos.org
 */
public class PreInsertSaleListener implements
PreInsertEventListener {

    public boolean onPreInsert(PreInsertEvent preInsertEvent) {
        Object entity = preInsertEvent.getEntity();
        if (entity instanceof Sale) {
            Sale sale = (Sale) entity;
            System.out.println("Sales has been inserted: " +
sale.getTotal()
                    + "\non: " + sale.getSalesDate() + ", \nby \""
                    + sale.getSalesperson().getName() + "\"\n");
        }
        return false;
    }
}
```

Respecto a la segunda operación, se debe notificar un mensaje por consola antes de que una venta sea eliminada. Para ello existe una interfaz similar a la del caso anterior, *PreDeleteEventListener*, que tendremos que implementar. Esta interfaz solo contiene el método *onPreDelete*, que devuelve un valor *booleano* que tomará el valor *true* en caso de querer cancelar la operación de eliminación, y *false* en caso contrario. En cuanto a los parámetros, tan solo recibe un argumento de tipo *org.hibernate.event.PreDeleteEvent*, con prácticamente los mismos métodos que el *PreInsertEvent*. Así se utilizará el método *getEntity()* para obtener la entidad a la que luego le haremos el *casting* y, esta vez, se utilizará el método *getId()* para obtener el identificador de la entidad.

Se muestra a continuación la implementación de la nueva clase:

```java
package org.sistema.hibernate.events.listeners;

import org.hibernate.event.spi.PreDeleteEvent;
import org.hibernate.event.spi.PreDeleteEventListener;
import org.sistema.hibernate.events.models.Sale;

/**
 * Class that allows you to audit the transactions involving
 entities deleted in the database.
 * @author Eugenia Pérez Martínez
 * @email eugenia_perez@cuatrovientos.org
 */
public class PreDeleteSaleListener implements PreDeleteEventListener {

   public boolean onPreDelete(PreDeleteEvent preDeleteEvent) {
      Object entity = preDeleteEvent.getEntity();
      if (entity instanceof Sale) {
         Sale sale = (Sale) entity;
         System.out.println("The following sale made on ["
               + sale.getSalesDate() + "] is about to be deleted, id="
               + sale.getId());
      }
      return false;
   }
}
```

A fin de indicarle a Hibernate la intención de que las clases anteriores reciban notificaciones para los eventos indicados, se deberá crear una clase donde se registren los *listeners* creados y que implemente la interfaz *org.hibernate.integrator.spi.Integrator*:

```java
package org.sistema.hibernate.events.listeners;

import org.hibernate.cfg.Configuration;
import org.hibernate.engine.spi.SessionFactoryImplementor;
import org.hibernate.event.service.spi.EventListenerRegistry;
import org.hibernate.event.spi.EventType;
import org.hibernate.integrator.spi.Integrator;
import org.hibernate.metamodel.source.MetadataImplementor;
import org.hibernate.service.spi.
SessionFactoryServiceRegistry;

/**
 * Integrate the listeners in the application to be used.
 * @author Eugenia Pérez Martínez
 * @email eugenia_perez@cuatrovientos.org
 */
public class SaleEventsListenerIntegrator implements Integrator {

   public void integrate(Configuration configuration,
       SessionFactoryImplementor sessionFactory,
       SessionFactoryServiceRegistry serviceRegistry) {
     EventListenerRegistry eventListenerRegistry = serviceRegistry
           .getService(EventListenerRegistry.class);

     eventListenerRegistry.appendListeners(EventType.PRE_INSERT,
         new PreInsertSaleListener());
     eventListenerRegistry.appendListeners(EventType.PRE_DELETE,
         new PreDeleteSaleListener());

   }

   public void integrate(MetadataImplementor metadata,
       SessionFactoryImplementor sessionFactory,
       SessionFactoryServiceRegistry serviceRegistry) {
     // TODO Auto-generated method stub
   }

   public void disintegrate(SessionFactoryImplementor sessionFactory,
       SessionFactoryServiceRegistry serviceRegistry) {
     // TODO Auto-generated method stub
   }
}
```

Los dos últimos métodos son requeridos pero no hace falta que implementemos su cuerpo. Finalmente se debe crear un fichero llamado *org.hibernate.integrator.spi. Integrator* en la ruta *raíz_del_proyecto\src\main\resources\META-INF\services*:

**Figura 4.20.** Ubicación del archivo de registro de interceptores

El contenido de este fichero debe ser el nombre de la clase recién creada:

```
org.sistema.hibernate.events.SaleEventsListenerIntegrator
```

Para probar su funcionamiento utilizaremos el método *main* del ejemplo anterior de los interceptores, donde se creaban ventas asociadas a los comerciales y, posteriormente, se eliminaba una. De manera similar se espera obtener otros tres mensajes por pantalla con las mismas características que los mostrados en el caso anterior.

## 4.6 FILTROS

Hibernate ofrece un mecanismo para definir filtros globales, identificados por nombre y que permiten ser parametrizados, de manera que es posible habilitarlos o deshabilitarlos por sesión específica y en tiempo de ejecución. Dichos filtros permiten establecer cláusulas de restricción similares a las especificadas en la cláusula *WHERE*, estando disponibles en el elemento *class* y también en varios elementos de colección.

Los filtros se especifican mediante anotaciones definidas en *@org.hibernate.annotations.FilterDef*. Cada filtro tiene un nombre (*name*) y un *array* de parámetros, mediante el cual se ajusta el comportamiento de los filtros en tiempo de ejecución. Dichos parámetros son especificados mediante la anotación *@ParamDef*.

En el ejemplo mostrado a continuación se crea un filtro para que se retornen solo las ventas que tengan una fecha posterior a la recibida como parámetro. Para ello lo primero que se debe hacer es definir el filtro sobre la clase que contiene la colección de ventas (*Salesperson*). Por lo tanto se introducen las siguientes anotaciones, tanto a nivel de clase, como en la colección:

```java
@Entity
@FilterDef(name = "saleRecordFilter", parameters = @
ParamDef(name = "saleRecordFilterParam", type = "date"))
public class Salesperson implements Serializable {

    @Id
    @GeneratedValue(strategy = GenerationType.IDENTITY)
    private Long id;

    private String name;
    private float salary;
    private float commission;

    @OneToMany(mappedBy = "salesperson", fetch = FetchType.EAGER)
    @Filter(name = "saleRecordFilter",
        condition = "salesDate > :saleRecordFilterParam")
    private Set<Sale> sales = new HashSet<Sale>();
    /**
     * Constructors, getters and setters…
     */
}
```

Como valor de condición o *condition* podemos poner cualquier sintaxis que cumpla con HQL. Así pues se establece una condición entre dos fechas, la propia de la venta indicada en el atributo *salesDate* y la que recibirá el filtro como parámetro.

Finalmente solo faltaría habilitar el filtro a través del objeto *session*. Para ello, desde el método de la clase *GenericDAO* que devuelve listados se incluye lo siguiente, asumiendo que para este ejemplo la fecha con la que comparar será la fecha actual:

```java
public List<T> selectAll(Class<T> entityClass) throws HibernateException {
    List<T> result = null;
    try {
        session = HibernateSession.getSession();
        Filter filter = session.enableFilter("saleRecordFilter");
        filter.setParameter("saleRecordFilterParam", new Date());
```

```java
            result = session.createQuery("FROM " + entityClass.getSimpleName())
                    .list();
        } catch (HibernateException he) {
            handleException(he);
        } finally {
            session.close();
        }
        return result;
    }
```

Finalmente para probar el filtro, se modificarán las fechas de las ventas, estableciendo una fecha anterior y otra posterior a la actual. A continuación se incluye un método que mostrará las ventas por comercial, esperando que únicamente se muestre aquella venta posterior a la fecha en la que se redactó este apartado:

```java
    /**
     * Save some sales and add to the current sales of the sales agent.
     */
    private static void saveSales() {
        SimpleDateFormat sdf = new SimpleDateFormat("yyyy-MM-dd");
        String date1 = "2014-09-15";
        String date2 = "2015-09-15";

        Sale sale1 = null, sale2 = null;
        try {
            sale1 = new Sale(1200.0, 0.1f, sdf.parse(date1));
            sale2 = new Sale(650.0, 0.25f, sdf.parse(date2));
        } catch (ParseException e) {
            e.printStackTrace();
        }

        Salesperson sp1 = salespersonDAO.selectById(11, Salesperson.class);
        sp1.addSales(sale1);
        sp1.addSales(sale2);

        salesDAO.insert(sale1);
        salesDAO.insert(sale2);
    }

    /**
```

```
 * Show the sales made by every single sales agent.
 */
private static void showSalesByAgent() {
   List<Salesperson> agents = (List<Salesperson>) salespersonDAO
        .selectAll(Salesperson.class);
   for (Salesperson agent : agents) {
      System.out.println(agent.toString());
   }
}

/**
 * Load the application and manage the logical operations.
 *
 * @param args
 */
public static void main(String[] args) {

   Main.loadSalespeople();
   Main.saveSales();
   Main.showSalesByAgent();

}
```

Comprobamos que el filtro se establece correctamente:

```
Salesperson [id=1, name=Eugenia Martínez, salary=30000.0,
commision=0.15,
   sales=[Sale [id=2, total=650.0, discount=0.25,
salesDate=2015-09-15 00:00:00.0]]]
Salesperson [id=2, name=Alfredo Pérez, salary=33000.0,
commision=0.2,
   sales=[]]
```

# 5

# TRANSACCIONES, CONCURRENCIA Y CACHEO

En principio Hibernate no lleva a cabo bloqueos de objetos en memoria, y en general su comportamiento estará marcado por el nivel de aislamiento de sus transacciones de los sistemas gestores de bases de datos.

A continuación vamos a ver cómo se gestiona el control de concurrencia en Hibernate a través de las instancias de los objetos clave *Configuration*, *SessionFactory* y *Session*, así como las transacciones de la base de datos y las conversaciones largas.

## 5.1 ÁMBITOS DE SESIÓN Y DE TRANSACCIÓN

El objeto *SessionFactory* es lo que se conoce como objeto *thread-safe*, es decir, distintos hilos de la aplicación lo pueden compartir sin problemas. Esto implica que a su vez sea algo costoso de instanciar, por tanto solo se crea una vez al iniciar la aplicación partiendo de la instancia de *Configuration*.

Por contra una instancia de *Session* es de bajo coste pero no es *thread-safe* y por eso una vez utilizada se debe destruir. La usaremos para una sola *query*, o una única conversación o una unidad de trabajo. De hecho una instancia de *Session* no utilizará recursos hasta que sea necesario y por lo tanto hasta ese momento no obtendrá un *Datasource* o una conexión JDBC.

Con el propósito de evitar un tiempo de bloqueo, una transacción debe durar el tiempo justo y necesario. Por ese motivo, en el momento en que una unidad de trabajo se haya completado no es conveniente mantener una transacción de la base de datos abierta.

Cabría preguntarse cuál es la extensión de esa unidad de trabajo, ¿podrían las instancias de *Session* en Hibernate mantenerse durante múltiples transacciones o debería usarse una instancia de *Session* por cada transacción? También habría que aclarar cuándo debemos abrir o cerrar una instancia de *Session* y cómo delimitar la transacción de la base de datos. A continuación se trata de aclarar estas cuestiones.

**UNIDAD DE TRABAJO**

Una unidad de trabajo (*unit of work*) es un patrón de diseño descrito por Martin Fowler como el mantenimiento de una lista de objetos afectados por una transacción y coordina la escritura de los cambios ocurridos y la resolución de problemas de concurrencia. Es decir, es una serie de operaciones que deseamos realizar sobre la base de datos de manera que se ejecuten juntas.

En cuanto al manejo de sesión, existen principalmente dos enfoques:

- ▼ Abrir y cerrar la sesión y su transacción asociada por cada método que acceda a base de datos.

- ▼ Agrupar varias operaciones que accedan a base de datos en una sola transacción.

Ambas alternativas son válidas. Lo importante es conocer qué implicaciones tiene la utilización de cada una de ellas. La primera tiene como resultado un código mucho más limpio, en el que los propios métodos de los DAO son responsables de abrir y cerrar la sesión. Por tanto, conseguimos agrupar funcionalidades comunes en una misma capa, evitando así que el manejo de la sesión tenga que colocarse en una capa con un nivel mayor de abstracción que la capa de persistencia. Veamos un ejemplo de implementación de esta solución a través de un fragmento del *GenericDAO*:

```
/**
 * Generic DAO to share logic between all the specific DAOs.
 *
 * @author Eugenia Pérez Martínez
 *
 */
public class GenericDAO<T> {
    protected Session session;

    /**
     * Gets the current session
```

```java
    * @return
    */
   public Session getSession() {
      return session;
   }

   /**
    * Starts the transactional behaviour applied to some
certain operations (insert, update, delete...)
    */
   protected void startTransaction() {
      session = HibernateSession.getSession();
      session.getTransaction().begin();
   }

   /**
    * Closes the transactional behaviour applied to some
certain operations
    */
   protected void endTransaction() {
      session.getTransaction().commit();
      session.close();
   }

   /**
    * Handles any exception thrown during a transaction
ensuring a performance of rollback action
    * in case of unsuccessful performance.
    * @param he
    * @throws HibernateException
    */
   protected void handleException(HibernateException he)
         throws HibernateException {
      session.getTransaction().rollback();
      throw he;
   }

   /**
    * Insert the specific entity.
    * @param entity
    * @throws HibernateException
    */
   public void insert(T entity) throws HibernateException {
      try {
```

```
            startTransaction();
            session.persist(entity);
            session.flush();
        } catch (HibernateException he) {
            handleException(he);
        } finally {
            endTransaction();
        }
    }

    /**
     * Find by ID the specific entity
     * @param id
     * @param entityClass
     * @return the template of the entity
     * @throws HibernateException
     */
    public T selectById(Serializable id, Class<T> entityClass)
            throws HibernateException {
        T obj = null;
        try {
            session = HibernateSession.getSession();
            obj = (T) session.get(entityClass, id);
        } catch (HibernateException he) {
            handleException(he);
        } finally {
            session.close();
        }
        return obj;
    }

    /**
     * update, delete and selectAll methods were omitted.
     */
}
```

Si analizamos el código anterior vemos que hay dos tipos de métodos:

▼ De escritura: es el caso del método *insert*. Inicia una transacción, realiza la operación contra base de datos, invoca al método *flush* de la sesión, que fuerza la ejecución de inserción (realiza un *commit* de manera implícita) y por último, finaliza la transacción. Los métodos de iniciar y finalizar la transacción, como se puede ver, aparte de la transacción abren y cierran la sesión. Es una buena práctica realizar este tipo de operaciones dentro de una transacción, ya que si bien aunque no lo hiciésemos, el SGBD lo terminaría haciendo, conviene no delegar en él esta responsabilidad, dado que cada SGBD puede comportarse de manera diferente.

▼ De lectura: en este caso no indicamos los límites de la transacción y delegamos en el SGBD. La razón es simple. Aunque lo pudiéramos hacer no es necesario y el resultado es el mismo. Por tanto, simplificamos nuestro código.

El otro enfoque existente necesitaría la modificación del DAO anterior, ya que no abriríamos y cerraríamos la sesión por cada método que acceda a base de datos. Esto podría tener un beneficio desde el punto de vista del rendimiento de la aplicación, ya que utilizaríamos la misma sesión para realizar varias operaciones contra la base de datos. No obstante, como ya se ha señalado en este libro anteriormente, abrir una nueva sesión no es una operación costosa, por lo que el beneficio tampoco sería demasiado importante. Un ejemplo en una aplicación de consola podría consistir en utilizar los DAO desde la clase *Main*, y en esta misma manejar la sesión. Por ejemplo:

```
public static void main(String[] args) {
    GenericDAO<Product> productDAO = new GenericDAO<Product>();
    Session sess = factory.openSession();
    Transaction tx = null;
    try {
        tx = sess.beginTransaction();
        Product p = new Product(1, "GoPro");
        productDAO.insert(p);
        p = productDAO.selectById(1, Product.class);
        tx.commit();
    }
    catch (RuntimeException e) {
        if (tx != null) tx.rollback();
        throw e; // or display error message
    }
    finally {
        sess.close();
    }
}
```

Como se puede ver, utilizamos la misma transacción para llamar a dos métodos del DAO, que a su vez generarán dos operaciones contra base de datos.

**Manejo de excepciones**

Aunque la aplicación pueda estar bien planteada y desarrollada, es susceptible de lanzar excepciones cuando existen bases de datos de por medio. En caso de que alguna excepción sea lanzada (como por ejemplo una *SQLException*) las transacciones deben detenerse y, sobre todo, deshacerse (mediante operación de *rollback*). Además debe llamarse a *Session.close* y destruir esa instancia. Para garantizarlo se usan los bloques *finally* posteriores a las excepciones.

Para cubrir la mayoría de errores que suceden en la capa de persistencia donde se aplica Hibernate disponemos de la excepción *HibernateException*, que a su vez envuelve *SQLExceptions* de Java. Estas son lanzadas al ocurrir una *JDBCException* en el momento de interactuar con bases de datos. Hibernate trata, de hecho, de transformar una excepción en una clase especializada de *JDBCException*.

## 5.2 ARQUITECTURA DE CACHÉ DEL ORM

Una sesión de Hibernate es una caché de nivel de transacción de datos persistentes. En Hibernate tenemos la opción de especificar qué implementación de caché nos interesa usar asignando en la configuración el nombre de una clase que implemente la interfaz *org.hibernate.cache.CacheProvider*, para lo que usamos la propiedad *hibernate.cache.provider_class*. De hecho Hibernate ofrece un conjunto de alternativas para aplicar la caché:

| Caché | Clase del proveedor | Tipo |
|---|---|---|
| Hashtable (no pensado para uso en producción) | org.hibernate.cache.HashtableCacheProvider | memoria |
| EHCache | org.hibernate.cache.EhCacheProvider | memoria, disco |
| OSCache | org.hibernate.cache.OSCacheProvider | memoria, disco |
| SwarmCache | org.hibernate.cache.SwarmCacheProvider | clusterizado (ip multicast) |
| JBoss Cache 1.x | org.hibernate.cache.TreeCacheProvider | clusterizado (ip multicast), transaccional |
| JBoss Cache 2 | org.hibernate.cache.jbc2.JBossCacheRegionFactory | clusterizado (ip multicast), transaccional |

El proveedor más simple de todos no es más que un *Hashtable*, aunque obviamente los hay más sofisticados. Según el caso la configuración varía bastante, aunque los detalles van mucho más allá del ámbito de este documento.

# BIBLIOGRAFÍA

▼ BAUER, C.; KING, G. y GREGORY, G.; *Java Persistence with Hibernate*, Manning Publications, 2015, ISBN-10: 1617290459.

▼ KONDA, M.; *Just Hibernate*, O'Reilly Media, 2014.

▼ Hibernate Documentation:
http://hibernate.org/orm/documentation/

▼ Hibernate Community Documentation:
https://docs.jboss.org/hibernate/orm/4.3/manual/en-US/html/

# MATERIAL ADICIONAL

El material adicional de este libro puede descargarlo en nuestro portal web: *http://www.ra-ma.es*.

Debe dirigirse a la ficha correspondiente a esta obra, dentro de la ficha encontrará el enlace para poder realizar la descarga. Dicha descarga consiste en un fichero ZIP con una contraseña de este tipo: XXX-XX-XXXX-XXX-X la cual se corresponde con el ISBN de este libro.

Podrá localizar el número de ISBN en la página IV (página de créditos). Para su correcta descompresión deberá introducir los dígitos y los guiones.

Cuando descomprima el fichero obtendrá los archivos que complementan al libro para que pueda continuar con su aprendizaje.

## INFORMACIÓN ADICIONAL Y GARANTÍA

- ▼ RA-MA EDITORIAL garantiza que estos contenidos han sido sometidos a un riguroso control de calidad.

- ▼ Los archivos están libres de virus, para comprobarlo se han utilizado las últimas versiones de los antivirus líderes en el mercado.

- ▼ RA-MA EDITORIAL no se hace responsable de cualquier pérdida, daño o costes provocados por el uso incorrecto del contenido descargable.

- ▼ Este material es gratuito y se distribuye como contenido complementario al libro que ha adquirido, por lo que queda terminantemente prohibida su venta o distribución.

# ÍNDICE ALFABÉTICO

## @

@Access, 44
@Basic, 39
@Column, 32, 44
@DiscriminatorColumn, 129
@DiscriminatorValue, 141
@ElementCollection, 41
@Embedded, 42
@Entity, 32, 38, 130,
@GeneratedValue, 32, 38
@Id32, 38
@Inheritance, 129, 141, 148
@JoinColumn, 60, 80
@JoinTable, 62
@ManyToMany, 101, 105
@ManyToOne, 85, 86, 162
@oneToMany, 80, 101, 162
@oneToOne,68
@OneToOne, 59, 86, 101
@ParamDef, 212
@PrimaryKeyJoinColumn,60
@Table, 32
@Transient, 40

## A

abstract, 145
addEntity, 191
addScalar(), 188
afterTransactionBegin, 207
afterTransactionCompletion, 207
Agregación, 158, 176, 177, 180
Agrupaciones, 177
AJO, 31, 193
all, 53, 60, 76, 96
all-delete-orphan, 76, 87, 96
AND, 153
API de consultas, 153
ArrayList, 75, 105, 108
ASC, 179
Asociaciones polimórficas, 152
Auditorías, 192
AUTO, 32
AUTO_INCREMENT, 32

## B

bag, 76
beforeTransactionCompletion, 207
boilerplate, 11
buildSessionFactory(), 204

## C

Caché, 222
CacheProvider, 222
Cascada, 53, 59, 60, 69, 76, 80, 87, 96, 101, 104

cascade, 53, 59
CascadeType, 59
Clase abstracta, 145
Clase base, 113, 126, 136, 141, 143, 145, 148, 152
Clase base abstracta, 117
Cláusulas de restricción, 212
Clave foránea, 62, 76, 77, 80, 88, 96, 134, 137
Columna discriminadora, 125, 126, 128, 129
Columna discriminatoria, 123, 124, 130
Condition, 213
Configuration, 171, 217
connection.pool_size, 17
Consultas polimórficas, 143, 151, 152, 170, 178
createCriteria, 156, 157, 181
createQuery, 181
createSQLQuery(), 188
Criteria, 153, 154, 156, 157, 181, 189, 192
Criterion, 154
CRUD, 12, 24, 27, 164, 166

## D

delete, 53, 76
delete(), 34
delete-orphan, 76, 96
DESC, 179
detachedn, 33, 59
dialecto, 17, 19, 32, 189
DiscriminatorValue, 130
discriminator-value, 126
DTYPE, 129
Dueña, 50, 80, 86, 92, 103

## E

EAGER, 39, 41, 80, 162
embeddable types, 41

EmptyInterceptor, 200
Entidad débil, 41, 42, 44
Entidad inversa, 80
Entity.Insertable.variable, 44
Estadísticos, 192
Eventos, 192, 208, 210
Example, 158
Expresiones, 177, 178
Extends, 126, 145

## F

FetchType, 39, 162
Field access, 43
FilterDef, 212
Filtros, 212
flush, 34, 220
foreign, 52
FROM, 169, 174, 178
fully qualified class name, 17

## G

GenericDAO, 113, 164, 181, 194, 204, 209, 213, 218
Genericidad, 113
get(), 34, 44
getEntity(), 209, 210
Group by, 159
GROUP BY, 177, 180

## H

HashMap, 109
HashSet, 109
hbm2ddl.auto, 18
Herencia, 109, 116, 117, 123, 124, 129, 134, 137, 141, 143, 148, 152, 169, 178, 182
Hibernate Query Language, 153, 169
hibernate.cfg.xml, 16, 31, 35, 54, 68, 111, 127, 139, 172
hibernate.properties, 15
HibernateException, 222

HibernateSession, 27, 55, 111, 166, 194, 204, 209
HQL, 153, 169, 170, 173, 174, 175, 176, 177, 178, 181, 189, 192, 213
hqldb, 170, 181

**I**

IDENTITY 20, 32
Index, 77, 96, 109
InheritanceType.JOINED, 141
InheritanceType.SINGLE_TABLE, 129
InheritanceType.TABLE_PER_CLASS, 148
Insert, 34, 220
Integrator, 212
interceptor, 192, 193, 194, 200, 204, 205, 208, 209, 212
Interceptores de Session, 204
Interceptores de SessionFactory, 204
Inverse, 103

**J**

JDBCException, 222
Jerarquía de clases, 110, 123, 124, 129, 134, 152, 178
JOIN implícito, 185
joined-subclass, 136
JPA, 11, 31, 32, 35, 36, 37, 38, 39, 58, 186
JPQL, 35

**K**

Key, 109, 137

**L**

Lado inverso, 69, 81, 103, 105
LAZY, 39, 41, 80
List, 70, 76, 96, 97, 103, 108
list(), 186
load(), 34
Log4j, 203

**M**

many-to-many, 97
many-to-one, 82
Map 76, 96, 109
mappedBy, 69, 86, 105
Maven, 14, 37, 50
merge, 53, 59
merge(), 34
Muchos a muchos, 45, 90, 94, 96, 97, 101, 105

**N**

Name, 136, 144, 182, 188, 212
Normalización, 135
Null, 21, 38, 88, 124, 158

**O**

onDelete, 201
one-to-many, 77
one-to-one, 52, 53, 64
onLoad, 208
onPrepareStatement, 201, 208
onSave, 201
openSession(), 204
ORDER BY, 179, 180
ORM, 11, 14, 20, 37, 58, 192, 222
orphanRemoval, 87

**P**

Parámetros, 16, 17, 21, 29, 172, 178, 179, 181, 182, 185, 201, 203, 210, 212
Parámetros posicionales, 178, 185, 186
Patrón DAO, 12, 113
persist53, 60
persist(), 34
persistent, 33
POJO, 20, 21, 22, 31, 35, 38, 72, 159
POM, 14
postFlush, 208

PreDeleteEvent, 210
preFlush, 208
PreInsertEventListener, 208, 210
PreparedStatement, 178, 185
Projection, 158
Property, 17, 156
Property Access, 43
Proyección, 158, 159

## Q
Query, 35, 153, 154, 158, 181, 217

## R
Refresh, 53, 60
Relación bidireccional uno a uno, 62
Relación uno a muchos, 70, 76, 77, 89, 162
Relaciones uno a uno, 46, 50, 589, 59
Remove, 60
Restrictions, 155
ResultSetMetadata, 188, 189

## S
save(), 34
saveOrUpdate(), 34
SELECT, 169, 174, 176
SEQUENCE, 20, 32
Session, 16, 27, 33, 34, 53, 154, 166, 204, 208, 213, 217, 218
session-factory, 16
SessionFactory, 18, 166, 204, 217
Set 22, 70, 76, 96, 109
setParameter ,182, 185
SQL, 13, 17, 29, 34, 141, 142, 144, 151, 153, 155, 159, 169, 174, 175,

176, 177, 180, 188, 189, 191, 192, 208
SQL Injection, 181
SQL nativo, 188, 191, 192
SQLException, 222
SQLnativo, 153, 191
SQLQuery, 188
strategy, 32, 129, 141, 148
subclass, 125, 126

## T
Tabla de enlace, 89
Tabla de join o de unión, 89
Tabla intermedia, 62, 80, 89
Tabla join, 96, 103
Tablas base, 135
Table, 96, 136, 145
Thread-safe, 217
Tipos insertables, 41
Transacciones, 27, 217, 218
Transient, 33, 34

## U
Unidad de trabajo, 217, 218
union-subclass, 145
uniqueResult(), 182
unit of work, 218
update(), 18, 34

## V
Valores escalares, 188

## W
WHERE, 177, 178, 182, 212
WITH, 175

www.ingramcontent.com/pod-product-compliance
Lightning Source LLC
Chambersburg PA
CBHW080918170426
43201CB00016B/2188